Le bleu ne va pas
à tous les garçons

GEORGE M. JOHNSON

LE BLEU NE VA PAS À TOUS LES GARÇONS

Traduit de l'anglais (États-Unis)
par Noëmie Saint-Gal

ellipsis
DE SAXUS

AVERTISSEMENT DE CONTENU

LANGAGE GROSSIER, RACISME, HOMOPHOBIE, VIOLENCE, HUMILIATION, MALADIE CHRONIQUE, DROGUE, SEXE, INCESTE, AGRESSION SEXUEL, PERTE D'UN PROCHE

Le bleu ne va pas à tous les garçons
par George M. Johnson

ALL BOYS AREN'T BLUE: A Memoir-Manifesto

Photo de couverture et de biographie : © Vincent Marc
Couverture française : Conception graphique Eilean Books - Volodymyr Feshchuk

Ouvrage publié sous la direction de Sam Souibgui
Coordination et suivi éditorial : Christian Martin

SOMMAIRE

Acte 1
Un Enfant Différent

Acte 2
La famille

Acte 3
L'adolescence

Acte 4
Les amis

NOTE DE GEORGE M. JOHNSON

En écrivant ce livre, je souhaitais être aussi réaliste et sincère que possible. Je voulais que mon histoire soit racontée de A à Z : le bon, le mauvais et tout ce que j'avais toujours eu peur de dire en public. Ce qui signifie aborder des sujets dont on prive les adolescent·e·s de crainte qu'ils soient « trop lourds ».

Mais la réalité, c'est que tous ces évènements me sont arrivés durant l'enfance, l'adolescence et les premières années de ma vie d'adulte. Alors aussi lourds que soient ces sujets, il est non seulement nécessaire d'en parler, mais aussi que ces adolescent·e·s qui pourraient y être confronté·e·s le lisent.

Dans cet ouvrage, j'aborderai des thèmes tels que l'agression sexuelle avec attouchement, la perte de virginité, l'homophobie, le racisme et le racisme anti-noir. Parfois, ces discussions peuvent être un peu violentes, toutefois, elles seront vécues ou ont été vécues par un grand nombre de lecteur·trice·s. Et je souhaite que ces lecteur·trice·s soient vu·e·s et entendu·e·s sur ces pages.

J'utiliserai les mots *nigger* ou *nigga*[1], parfois en entier, parfois abrégés ainsi : n****. Je le ferai également pour *pédé, pédale* et leurs dérivés. J'ai inclus ces injures de façon spécifique, pour leur impact émotionnel et intellectuel. Merci d'user de la même prévenance lorsque vous discuterez de cette œuvre. Si vous ne vous identifiez pas comme étant noir·e, africain·e-américain·e ou queer, n'utilisez pas ces injures en entier, au risque de blesser. Vous pouvez vous servir d'abréviations connues telles que *N-Word* ou *F-Word*[2].

Sachez que cet ouvrage a été écrit avec soin et amour, et, plus important encore, dans le but de donner une voix à tant de communautés marginalisées dont l'expérience n'a pas encore été relatée entre les pages d'un livre.

J'espère qu'il vous fera rire par moments. J'espère qu'il vous fera pleurer par d'autres. J'espère qu'il vous permettra de comprendre des personnes auxquelles vous n'avez peut-être jamais parlé à cause de leur

---

1. Ces deux termes signifient « nègre », mais expriment une réalité intraduisible de la culture africaine-américaine et seront donc gardés tels quels.
2. Littéralement « Mot en N », « Mot en F » – *faggot* étant la version anglophone d'une injure envers les personnes queers. En français, un équivalent serait « Mot en P ».

différence. Nous ne sommes pas aussi différent·e·s que vous le pensez. Toutes nos histoires comptent et méritent d'être célébrées et racontées.

Avec toute mon affection,

George M. Johnson

Bébé George avec son arrière-grand-mère Lula Mae

INTRODUCTION

JE SUIS NOIR. JE SUIS QUEER. J'EXISTE.

L'histoire de ma naissance était un présage. Lorsque ma tante a vu ma tête couronnée de belles boucles noir de jais sortir du ventre de ma mère, elle s'est précipitée dans le couloir de l'hôpital où attendait ma famille.

— C'est une fille ! C'est une fille ! a-t-elle crié au ravissement de ma grand-mère et à la *légère* déception de mon père.

Mais lorsqu'elle est revenue dans la salle de naissance, j'étais né et elle s'est rendu compte qu'il lui faudrait vite corriger son annonce prématurée.

Elle est alors retournée auprès des autres.

— Euh, en fait, c'est un garçon.

À l'écrit, cette confusion paraît drôle, elle l'est beaucoup moins dans la réalité, surtout lorsque le héros de l'histoire est en recherche de son identité. Le genre représente l'une des plus grosses attentes pesant sur les épaules des enfants à la naissance, alors que leur famille n'a aucune idée de ce qui les attend réellement. Dans notre société, le sexe d'un enfant est basé sur ses organes génitaux. On infère alors son genre selon une binarité garçon ou fille, plutôt que tout le spectre d'identités que l'enfant devrait déterminer par lui, elle, iel-même[1], ille-même[2].

De nos jours, nous assignons un genre avant même la naissance. Nous sommes conditionnés à genrer les enfants le plus tôt possible, à l'instant où un sonagramme identifie ses organes sexuels. Les fêtes de révélation de genre sont devenues un moyen à la mode de célébrer le destin de l'enfant, de le guider dans une vie d'idéaux masculins ou féminins avant même de faire sa rencontre. Comme si plus la communauté LGBTQIAP+ devenait visible, plus la communauté cishétérosexuelle appliquait de nouvelles normes. De mon point de vue, la majorité craint de devenir une minorité, alors elle ferait tout et n'importe quoi pour protéger son pouvoir.

1. iel : pronom de la troisième personne du singulier permettant de désigner les personnes, sans distinction de genre. Il sert notamment à désigner une personne ne s'inscrivant pas dans un genre défini, ou dont le genre n'est pas connu.
2. ille : pronom de la troisième personne du singulier sans distinction des sexes. Il est utilisé dans le cadre d'un langage non sexiste seulement à l'écrit.

Je me demande souvent ce que serait ce monde si on disait simplement : « Votre bébé aura un pénis, un vagin ou un autre organe sexuel. » Si « autre organe sexuel » vous interroge, cherchez « intersexuation ». Et si nous disions aux parents d'élever leur enfant en faisant attention à ce qui l'attire naturellement, et d'encourager ces intérêts ? Et si les parents laissaient leur progéniture explorer son propre genre au lieu de l'inciter à prendre l'un des deux seuls chemins possibles, selon la société ?

Lorsque notre genre est assigné à la naissance, on nous assigne aussi la responsabilité de grandir et évoluer dans la vie en ne cochant que ces cases. Homme. Femme. Noir·e. Blanc·he. Hétéro. Gay. Les enfants qui ne rentrent pas dans ces cases parfaites se demandent souvent quelle est la vérité :

Suis-je une fille ?
Suis-je un garçon ?
Suis-je les deux ?
Suis-je ni l'un ni l'autre ?

Petit, ces questions m'ont beaucoup tourmenté. Et ce tourment a continué de surgir de multiples façons dans ma vie. Aujourd'hui, en tant qu'adulte, j'ai une bien meilleure compréhension de la sexualité, du genre et de la façon dont la société nous force à nous conformer à ce qui a été la norme. Je comprends que ce sentiment de normalité exclut les personnes qui ne correspondent pas à l'esthétique *attendue* d'un garçon ou d'une fille, au comportement *attendu* d'un homme ou d'une femme.

Malheureusement, nous luttons toujours pour dépasser le sujet d'une identité imposée à la naissance. Et la communauté LGBTQIAP+ ne se bat pas seulement pour le droit à s'identifier soi-même et à se faire accepter dans une société majoritairement binaire, ce qui devrait être le minimum. Nous luttons aussi pour survivre à des actes de violence physique. Beaucoup d'entre nous en meurent. Le spectre de nos traumatismes peut être aussi large que celui de nos identités.

J'ai commencé ce livre dans l'intention de terminer chaque chapitre par une solution à tous les évènements désagréables et perturbants que j'ai vécus en tant qu'enfant noir et gay aux États-Unis. J'ai vite appris que son sujet irait bien au-delà. Qu'il aborderait le chevauchement de mes identités et l'importance de partager en quoi ce chevauchement crée mon privilège et mon oppression.

Beaucoup d'entre nous croulent sous le poids de nos traumatismes passés, et ils se manifestent dans notre vie adulte. Nous passons tous par des étapes d'acceptation et de confusion au sujet de nos différentes identités, gay, hétéro ou inexistante. La race et de nombreux autres facteurs jouent un rôle dans la façon dont nous les envisageons. Beaucoup d'entre nous sont toujours en train d'examiner quelque chose, toujours en train « de devenir » une version plus consciente de soi.

Ce livre est une exploration de mes deux identités, noire et queer, et de la façon dont j'ai pris conscience de leur chevauchement en moi et dans la société. Comment j'ai appris qu'aucune de ces identités ne peut être contenue dans une simple case. Lorsque j'entre dans une pièce, j'y entre avec les deux, quel que soit l'environnement dans lequel j'évolue. Dans la communauté blanche, on me voit d'abord comme un homme noir. Cela n'efface en rien l'identité queer qui affrontera quand même la discrimination. Dans la communauté noire, où je me trouve le plus souvent, ce n'est pas tout de suite mon identité d'homme noir qui est remise en question. C'est ce chevauchement avec mon identité queer dont on se sert pour diminuer mon identité noire et l'image générale des hommes de couleur.

Parce qu'il s'agit d'une autobiographie, je vais vous raconter certains de mes souvenirs personnels. Ces souvenirs sont spécifiques à mon expérience d'enfant, d'adolescent et de jeune adulte. Mais ils soulignent aussi une partie des expériences universelles de la communauté noire et/ou queer et des personnes qui existent à l'intersection de ces deux identités. C'est là que l'aspect manifeste de cet ouvrage intervient. Je crois foncièrement que la société dominante établit une idée de la « normalité » dans l'objectif de supprimer les différences. Ce qui signifie que ceux d'entre nous qui ne rentrent pas dans cette « normalité » seront opprimés. Dans chaque chapitre de ce livre, je vous parlerai de ce que j'ai vécu en grandissant et quelle en est, de mon point de vue, la signification dans le contexte plus large d'une personne noire et queer.

J'ai grandi avec le mot *nigga*, qui, dans ma famille, était un terme affectueux. Il l'est devenu dans un grand nombre de familles noires. À mon arrivée au collège, je l'utilisais avec mes amis au quotidien. C'était le comportement attendu quand on a 13 ans, jurer et employer le *N-Word*. Nous le faisions tous. C'était ainsi qu'on se saluait et qu'on se charriait. Le ton et l'inflexion révélaient l'intention. Mais jamais nous ne l'utilisions avec le suffixe « -er ». Ce mot-là signifiait autre chose.

Au lycée, j'avais cessé de l'utiliser. Dans un contexte de blanchité, je n'allais pas permettre à mes camarades d'user de ce mot sans malaise, avec moi ou autour de moi. Chaque fois qu'un élève blanc essayait même de le prononcer, je le remettais à sa place. Les enfants blancs adorent tester les enfants noirs sur ce genre de chose. Certains d'entre nous luttaient si fort pour se donner l'illusion d'être intégrés à la société blanche qu'ils les laissaient voler cette part de notre culture. À l'université, de retour dans une communauté à majorité noire, j'ai recommencé à utiliser le *N-Word* avec mes nouveaux amis. C'était comme au collège, sauf qu'en tant qu'adulte, je savais que personne ne pouvait m'en empêcher. En toute sincérité, la plupart de nos enseignants avaient horreur qu'on prononce ce mot. À leurs yeux, il contenait bien trop de haine pour qu'on puisse se le réapproprier, sous quelle forme que ce soit.

Il fut le dernier à être entendu par un grand nombre de mes ancêtres lorsqu'ils ont été battus et enchaînés, réduits en esclavage sur une terre nouvelle. Ce fut le dernier mot entendu par mon peuple lorsqu'il a été lynché pour divertir des Blancs. « *Strange fruit hanging from the poplar trees*[3] », comme l'a chanté la grande Nina Simone. Alors, pour beaucoup de mes enseignants ayant grandi sous les lois Jim Crow[4] et vécu la ségrégation légalisée, il n'y avait aucune raison d'en être fier.

Durant ces années à l'université et celles qui les ont suivies, la NAACP[5] et le National Action Network[6] ont décidé qu'il était temps que la communauté noire « enterre » ce mot. Il existait cette conviction que si nous cessions de l'utiliser, il perdrait tout pouvoir.

Cette décision a donné naissance à un débat entre ceux qui défendaient ou condamnaient la destruction d'un terme si intimement lié aux moments les plus

3. « Un fruit étrange pendu aux peupliers », *Strange Fruit*, chanson de Billie Holiday reprise par Nina Simone.
4. Lois mises en place pour entraver l'effectivité des droits constitutionnels des Africain·e·s-Américain·e·s dans les États du sud des États-Unis entre 1877 et 1964.
5. National Association for the Advancement of Colored People, association nationale pour la promotion des gens de couleur.
6. Réseau d'action nationale, organisation à but non lucratif défendant les droits civiques.

douloureux de l'histoire des États-Unis. J'ai commencé à passer du côté de ceux qui voulaient l'enterrer. À l'époque, j'apprenais à être un « nègre respectable », avec de bonnes notes et un diplôme, qui tentait de s'intégrer à la société blanche dans laquelle j'estimais qu'on doive me traiter en égal. Pour moi, il était important de ne pas utiliser ce mot, car j'avais l'impression qu'il nous rabaissait.

J'avais le sentiment qu'il était mal, car les Blancs grimaçaient quand on le prononçait. Pour moi, ça n'avait pas de sens de l'utiliser, surtout qu'il restait controversé. J'ai fait ce que je faisais toujours lorsque je ne voulais pas réfléchir à quelque chose : je l'ai enfoui.

Mais ce n'était pas seulement ce mot que j'enfouissais. C'était aussi mon identité queer. Si je n'arrivais pas à voir ma propre identité noire comme respectable, j'y étais encore moins prêt dans le cas de mon identité queer. Aujourd'hui, je sais que l'identité queer fait partie de l'identité noire, et qu'il n'y a pas d'identité noire sans personnes queers.

Puis, début 2012, Trayvon Martin a été tué par George Zimmerman. Mon regard sur la place des Noirs dans cette société a changé. J'ai vu que le nouveau mouvement des droits civiques était mené par des gens qui me ressemblaient. Des gens qui luttaient pour moi et les autres enfants noirs. C'est à cette époque que mon processus de désapprentissage a vraiment commencé.

J'ai ouvert les yeux lorsque j'ai vu la police tirer sur la communauté noire. J'ai ouvert les yeux lorsque j'ai vu la police assassiner des enfants noirs comme Tamir Rice. Si vous étiez noir, peu importait que vous soyez riche, pauvre, enfant ou adulte. Aux yeux de la société, je restais un n****. Et mon amour pour mon identité noire me donnait le droit de lutter pour mon peuple et celui de me réapproprier ce mot.

Alors j'ai recommencé à l'utiliser. Je comprends désormais que je suis seul à définir mon identité noire, et que me servir de ce mot ou pas est mon choix. Mais ce choix ne devrait pas dépendre de ceux qui cherchent constamment à miner ce que je suis. Je comprends désormais qu'aux yeux de la société, il n'y a pas de « nègre respectable », et mon destin n'a jamais été d'en être un.

NOIR.

Ma seconde identité, mon identité queer, est un voyage que je continuerai jusqu'à ma mort. Je le crois sincèrement. Chaque jour, j'apprends quelque chose à mon sujet. Je m'assieds et je contemple chaque fois où mon identité queer s'est révélée, de façons qui me sont à la fois connues et inconnues.

Enfant, j'ai toujours senti que j'étais différent. Je ne savais pas ce que cela signifiait, mais aujourd'hui, je comprends que j'en avais le droit. Qu'être différent ne voulait pas dire que quelque chose clochait chez moi, que le problème venait de ce cadre culturel qui me forçait à vivre en tant que quelqu'un que je n'étais pas. Le fait de ne pouvoir m'identifier complètement aux héros noirs ou aux livres d'histoire tenait plus des modifications apportées pour soulager la culpabilité blanche que d'une vérité complète.

J'ai appris que les enfants conscients de ma différence n'y voyaient aucun problème avant que la société leur enseigne qu'elle était une menace. En grandissant, j'ai été attaqué au sujet de cette différence, mes manières efféminées et mon impertinence, par des enfants qui ne savaient même pas pourquoi on devait me les reprocher. Cela ne venait pas tant d'eux que des adultes qui le leur apprenaient. La plupart des enfants ne sont pas naturellement méchants. Ce sont leurs parents qui les rendent ainsi.

Au collège et au lycée, ma seule possibilité a été de me réprimer. J'étais devenu une minorité de plus. Pour la première fois, je devais gérer le chevauchement de mon identité noire et de mon identité queer, et la double oppression ainsi générée. La défense de mon identité noire dans un contexte blanc m'est venue naturellement. Je le faisais à chaque occasion. Par contre, défendre mon identité queer n'était jamais viable ou prudent.

Durant tout le lycée, j'ai vécu dans cet isolement. Je ne voyais que des apparitions fugaces de représentation queer dans de petits rôles à la télévision. Des rôles rarement joués par des acteurs qui me ressemblaient. Et jamais de quoi me donner le courage de devenir cette personne. Heureusement, l'université m'a fait découvrir les vrais reflets de moi-même : dans la littérature, dans l'art et en cours à mes côtés. Pas trop tôt, juste au bon moment. J'ai compris que ce que je fuyais ne m'avait jamais quitté. Que ce que je poursuivais n'était qu'un mythe me poussant à me transformer en quelque chose, quelqu'un que je ne voulais pas être.

À l'université, j'ai pris un risque. J'ai fait une chose qui s'éloignait tant de mon identité queer que ça aurait dû m'enfermer à double tour dans le placard : j'ai rejoint une fraternité étudiante. J'essayais de préserver une image de la masculinité, sur laquelle les fraternités noires sont basées depuis des années. Toutefois, en trouvant celle-ci, c'est moi que j'ai trouvé. J'ai trouvé des frères avec une expérience commune, qui chassaient la même chose. Et au lieu de nous donner ce que nous croyions vouloir, l'univers nous a offert ce dont nous avions vraiment besoin.

Un amour inconditionnel et la fraternité d'une expérience queer commune. Des frères qui voyaient mon humanité au-delà de mon identité queer. L'assurance de définir moi-même mon identité noire, mon identité queer, mon identité d'homme et ma masculinité ou plutôt son absence. J'ai pu vivre dans mon entièreté et, pour la première fois, exister à la fois en tant que personne noire et personne queer dans le même espace. Pour la première fois, elles m'ont valu d'être aimé et pas ridiculisé.

QUEER.

Je veux que mon histoire soit immortalisée. Je veux immortaliser la joie et la douleur, le triomphe et la tragédie, le discours de l'expérience noire et queer qui a été effacé des livres d'histoire. Une existence qui a pourtant toujours été.

Je n'avais encore jamais réfléchi à l'immortalité. J'ai toujours cru que ma longévité perdrait face à l'impossibilité de survivre en tant que personne noire et queer. Je songe à la mort de tant de mes semblables. L'épidémie du VIH, les violences domestiques, le suicide… Je les vois succomber à l'oppression. Ils deviennent les nouvelles du jour et les gros titres d'hier.

Je me souviens de ma nervosité à l'idée d'écrire un livre tel que celui-ci. Je ne savais pas si c'était à moi de le raconter. Mais en écrivant, j'ai réalisé que cette histoire n'est pas que la mienne. C'est aussi celle de millions de personnes queers qui n'ont jamais eu la chance de raconter la leur. Cet ouvrage a perdu cette intention de réponse à tout, car je n'ai pas tout vécu. Il a perdu cette intention d'être un guide, pour devenir une porte derrière laquelle d'autres individus pourront trouver leur vérité et la force de la vivre.

Je pense souvent à la déclaration de Viola Davis quand elle a gagné son premier oscar, sur le fait d'encourager les gens à aller au cimetière et à déterrer tous les cadavres afin d'entendre et répéter l'histoire de ceux dont les rêves ne se sont jamais réalisés. Ce sont les histoires qu'elle voudrait raconter. Bien que ce soit pertinent, je dois le contester. Ce livre est la preuve qu'il est inutile d'aller au cimetière pour nous trouver.

Beaucoup d'entre nous sont toujours ici. Nous vivons et nous attendons que quelqu'un raconte nos histoires à nous, que nous les racontions nous-mêmes. Nous sommes les vivants qui ont toujours été présents et qu'on a effacés. Nous sommes les fils et les frères, les filles et les sœurs, et les autres n'ayant jamais eu la chance de nous voir représentés ni de porter nos voix jusqu'aux oreilles de ceux qui ont besoin de les entendre.

Toni Morrison a déclaré dans ma citation préférée : « S'il y a un livre que vous désirez lire, mais qui n'a pas encore été écrit, alors c'est à vous de l'écrire. »

Voici l'histoire de George Matthew Johnson. Voici une histoire qui nous est destinée à tous.

De gauche à droite : Rall, Garrett, Nanny (centre), George, Rasul

ACTE 1

UN ENFANT DIFFÉRENT

CHAPITRE 1

SOURIRE

À 5 ans, j'ai reçu un coup de pied qui m'a fait perdre des dents. Mon premier traumatisme.

Avant tout, je me présente : je m'appelle Matthew Johnson. Enfin, en réalité, mon nom est George Matthew Johnson, mais à 5 ans, je ne le savais pas encore. À la fin, tout ça prend son importance.

Je viens d'une petite ville du New Jersey appelée Plainfield, à environ cinquante kilomètres des feux de Manhattan. En voiture, on peut traverser Plainfield en moins de dix minutes. C'est une ville ramassée sur elle-même, avec tant d'histoires imbriquées les unes aux autres. Le triomphe, la tragédie et le traumatisme coexistent dans ces quelques kilomètres carrés. C'est un lieu que j'ai haï autrefois, avant d'apprendre à l'aimer comme mon vrai foyer. Mon seul foyer.

Ma famille fait partie de la toile de cette ville depuis plus de cinquante ans. Mes parents ont tous les deux travaillé à la municipalité pendant presque trois décennies et ils y vivent toujours. Mon frère et moi avons grandi dans la classe moyenne, du moins ce que les Noirs croyaient être la classe moyenne. À Noël, le pied du sapin regorgeait de cadeaux. Mon petit frère et moi n'avons manqué de rien. Nous avons eu la chance d'avoir des parents qui comprenaient ce que signifiait vivre avec le strict minimum. Ils se sont assurés que leurs enfants n'en souffrent pas à leur tour. Nous sommes un cas exceptionnel parmi la plupart des Noirs qui n'héritent pas de la richesse des générations précédentes, contrairement aux familles blanches voisines, un pâté de maisons plus loin.

Pour nous, la famille passait avant tout. J'ai grandi avec mon petit frère Garrett. Les enfants du premier mariage de mon père, mon frère Gregory Jr. et ma sœur Tonya, avaient déjà quitté la maison. Il y avait aussi des cousins, des tantes et des oncles qui vivaient à Plainfield. Les vacances étaient toujours une grande affaire familiale. Pour référence, je crois que le film *Soul Food* se rapproche le plus de mon enfance, à l'exception des disputes. Enfin, peut-être un petit peu quand même.

Mes parents travaillaient tous les deux de « 9 à 5, de 5 à 9 », comme nous disions. Mon père, policier, avait de très longues heures de service. Ma mère était cheffe du secrétariat au commissariat. Elle possédait aussi un salon de coiffure où elle se rendait le soir après sa journée.

Certains de mes cousins vivaient dans les *Projects*[1] de Jersey City, un environnement que ma grand-mère maternelle, Nanny, ne trouvait pas très propice à l'éducation de petits garçons noirs. Leurs parents étaient comme chien et chat. Je me souviens d'une de leurs visites chez ma grand-mère. Tante Cynthia et « mon oncle » se sont querellés à cause d'une histoire de blanchiment. J'ai appris bien plus tard qu'ils parlaient de drogue. La dispute s'est envenimée au point qu'ils en sont venus aux mains dans le couloir de l'étage. Je ne reverrais pas tante Cynthia avant des années. Nanny ne voulait pas que ses petits-enfants grandissent dans cette situation. Comme elle l'a dit : « Vous pouvez traîner dans la rue autant que vous voulez, mais mes petits-enfants, non. » À partir de ce jour-là, elle les a hébergés et inscrits à l'école de Plainfield.

Nanny était notre cuisinière, notre infirmière, celle qui s'occupait de nous et celle qui nous punissait. Elle avait la peau brune et les cheveux grisonnants. Elle était un peu forte, et avait un bras plus gros que l'autre à cause de son lymphœdème. Elle venait de Spartanburg, dans le sud de la Caroline. Alors qu'elle vivait dans le New Jersey depuis plus de trente-cinq ans, elle avait gardé un accent du Sud très marqué.

1. Quartiers pauvres à mauvaise réputation de Jersey City, constitués de hauts immeubles.

Ma famille m'avait donné le genre d'éducation et de soutien qu'on rêverait pour ses descendants. Le genre de soins, de sécurité financière et d'amour qui devrait empêcher un enfant de souffrir des mêmes traumatismes et difficultés qui ont affecté les générations précédentes. Malheureusement, mon histoire est la preuve qu'aucune quantité d'argent, d'amour ou de soutien ne peut vous protéger d'une société déterminée à vous tuer parce que vous êtes noir. Toute communauté à qui on a appris que quiconque n'est pas « hétéro » est dangereux devient un danger pour la communauté LGBTQIAP+.

J'avais commencé l'école à 4 ans au lieu de 5 à cause d'un vice de forme, mon anniversaire se déroulant un mois après le début de l'année scolaire. Je me souviens avoir dû passer une évaluation. Alors j'avais 5 ans quand cet évènement a pris place, au cours du printemps suivant.

À cet âge, je savais déjà que j'étais différent, même si je ne possédais ni le langage pour l'expliquer ni la maturité pour comprendre ce que cette différence signifiait. Je n'étais pas attiré par les activités et les jouets typiques de garçons, comme le sport, les camions, etc. J'aimais les poupées et coiffer. Je percevais aussi que ce que je ressentais en moi n'était pas « bien » du point de vue de la société. Je me souviens que le jour de la

Saint-Valentin, les garçons étaient censés offrir une carte à leur « amoureuse ». Comme je ne voulais pas donner la mienne à un garçon, j'ai choisi une fille qui, même à cet âge, avait tout d'un garçon manqué. J'avais toujours été attiré par les garçons.

Enfant, je rêvassais beaucoup. Mais dans ma tête, je prenais toujours la forme d'une fille. Je m'imaginais avec les cheveux longs, habillé de robes. En y réfléchissant aujourd'hui, ce n'était pas parce que je croyais être dans le mauvais corps, mais parce que j'agissais de façon plus « féminine ». Alors d'après moi, j'étais forcément une fille.

Je souffrais de ne pouvoir exprimer mon identité tout entière. Une identité qui intégrerait tout ce qui me plaisait sans m'empêcher d'exister dans le corps d'un garçon. Toutefois, j'étais assez âgé pour savoir que la sécurité reposait dans les bras de la suppression, de la dissimulation de mon être véritable, car, soyons francs, les enfants peuvent être cruels. Toutefois, je m'étais bien intégré, ou du moins je le croyais à l'époque. À 5 ans, j'étais un acteur de classe internationale, capable de me mêler aux garçons et aux filles sans que personne s'interroge jamais sur ma nature efféminée. Encore que nous étions si jeunes, peut-être que tous les enfants étaient aussi naïfs que moi au sujet de leurs camarades.

J'avais 5 ans lorsque j'ai reçu un coup de pied qui m'a fait perdre les dents. C'était mon introduction au traumatisme. Maintenant, je suis prêt à commencer par cette histoire.

À cet âge, je n'avais pas le droit de rentrer chez moi tout seul. Alors j'y allais avec mes cousins plus âgés, Little Rall et Rasul. À cette époque, ils vivaient avec notre grand-mère qui était aussi celle qui s'occupait le plus de nous, puisque nos parents travaillaient beaucoup. Rentrer chez Nanny après l'école était notre routine. En général, je tenais la main de Little Rall tandis que Rasul nous précédait. Nous passions par-derrière, ce qui signifiait contourner l'école, traverser les terrains de football américain et de base-ball, jusqu'à la rue à un pâté de maisons de chez Nanny. Un jour ordinaire, ce trajet nous prenait moins de dix minutes. Elle vivait si près qu'elle n'aurait sûrement jamais imaginé qu'en dix minutes, la vie de ses petits-enfants serait à jamais marquée.

Ce souvenir est net. Je sens encore le parfum de l'air, le temps ensoleillé et doux du printemps. Ce trajet a commencé comme n'importe lequel, Rall et moi main dans la main, Rasul qui se dépêchait devant nous. Nous étions à l'angle des rues Lansdowne et Marshall, sur la pelouse de la maison du coin, lorsque nous avons croisé un groupe d'enfants du quartier que je ne reconnaissais pas.

Ils étaient à peu près de l'âge de mes cousins, 9 ou 10 ans. Le meneur était blanc. Encore aujourd'hui, quand nous en parlons, nous utilisons son nom complet, mais je ne le révélerais pas ici. Le reste du groupe était composé d'enfants noirs comme blancs, si je m'en souviens bien. Mes cousins les connaissaient, ai-je deviné, car ils se sont tout de suite disputés. Lorsque je songe à ce souvenir, il n'y a pas de bruit. Je le vois. Alors que je décris cet instant, mon corps le perçoit. Mais lorsque je ferme les yeux pour y réfléchir, ça a tout de suite été le chaos. Je me suis senti très inquiet. J'ai serré la main de Rall encore plus fort.

Nous étions trois contre six, en réalité deux contre six, car un enfant de 5 ans n'y connaît rien en bagarre. La dispute s'est envenimée, ma peur a grandi lorsque les garçons se sont rapprochés avec agressivité. C'est étrange comme on peut être si près de chez soi et de l'abri quand on affronte les évènements les plus traumatisants de sa vie. Je me suis souvent demandé ce qui se serait passé si nous avions pris un autre chemin ce jour-là ou si nous avions quitté l'école cinq minutes plus tôt. Ma vie aurait-elle été différente ?

Avant que je réagisse, ils en sont venus aux mains. De façon incompréhensible, moi, le garçon invisible, je suis devenu la plus grosse cible. Alors que mes cousins se battaient avec trois des garçons, deux autres m'ont attrapé par les bras et maintenu au sol. J'ai hurlé à l'aide, c'était tout ce que je pouvais faire. Le troisième a levé la jambe et m'a frappé en plein visage. Puis il l'a levée à nouveau et m'a frappé encore plus fort.

Mes dents se sont brisées comme du verre sur le béton. À cet instant, je n'ai rien senti. Comme si c'était un rêve. Puis il y a eu la douleur. Et aussi une émotion que je n'avais encore jamais ressentie : la rage. Je ne comprenais pas tout à fait ce sentiment, à l'époque, je n'avais pas encore eu le plaisir de m'y initier. Les larmes qui ont coulé sur mon visage n'étaient plus de douleur. Je pleurais désormais de fureur. De rage.

Elle a suffi à empêcher le garçon de me frapper une troisième fois. Je me suis libéré, j'ai bondi et je l'ai mordu avec les dents qui me restaient. Il a hurlé si fort. À ce moment, mes cousins s'étaient occupés des trois autres et ont vu ce qui m'était arrivé. Ils ont couru vers nous, ce qui a fait battre en retraite mes agresseurs. Ils ont attrapé mon cartable et dit : « Dépêche-toi de rentrer, Matt ! »

J'ai obéi. Ironiquement, cet instant a marqué le début de ma carrière de coureur, que je poursuivrais jusqu'au lycée. Là, le son revient dans mon souvenir. Je m'entends pleurer sur le chemin de la maison. Je suis rentré et j'ai continué à sangloter, la bouche ensanglantée, la lèvre éclatée et les dents de lait arrachées.

« Qu'est-ce qui s'est passé ? a hurlé Nanny.

— On s'est fait attaquer », ont expliqué mes cousins.

Elle est allée chercher de la glace, l'a enroulée dans une serviette en papier. Elle m'a dit de la presser contre mon visage.

Après, tout est plus vague, je me rappelle des bouts et des instants. Ma mère est partie de son travail sur-le-champ. Elle a envoyé un agent de police nous retrouver à la maison pour prendre notre déposition. À son arrivée, elle est tout de suite venue voir comment j'allais. Elle s'est assise sur une des chaises de la salle à manger et m'a posé sur ses genoux, les bras autour de moi.

Alors je me suis enfin calmé. À un moment, mes oncles sont arrivés. Mes cousins étaient toujours dans tous leurs états. Je suis resté là en silence, à sentir le mouvement de la poitrine de ma mère à chaque inspiration. Le policier s'est renseigné auprès de mes cousins sur ce qui s'était passé. Ils lui ont raconté. Il m'a demandé d'ouvrir la bouche pour noter les dommages dans son rapport. Je me rappelle avoir gardé le silence pendant des heures ensuite.

Aujourd'hui, quand je ferme les yeux, je le vis comme une expérience extracorporelle. J'y pense souvent. J'aimerais savoir ce qui avait motivé cet assaut. Parce que j'étais efféminé ? Une histoire de race, puisque l'attaquant principal était un garçon blanc d'une autre partie du quartier ? Ou simplement les conséquences du comportement toxique qu'on apprend aux garçons, qu'il faut se battre et gagner sa virilité ? Je sais que l'impact et l'intention jouent toujours un rôle, alors même si leur intention n'était rien de tout cela, l'impact me changerait pour toujours quand même.

Il n'y avait ni psychologues ni thérapies pour m'aider à surmonter cet évènement. La psychothérapie reste un sujet tabou dans la communauté noire. Les personnes qui souffrent de troubles mentaux sont stigmatisées et discriminées, car on fait souvent l'amalgame entre la santé mentale et la maladie mentale. Alors plutôt que de voir leur enfant étiqueté d'un terme douloureux, mes parents ont fait de leur mieux, avec les connaissances qu'ils avaient.

Ce que nous avons toujours fait dans ma famille : nous nous sommes aimés encore plus fort. À cet instant, ma mère m'a serré dans ses bras et nous sommes restés là longtemps. Enfin, elle m'a ramené à la maison. Mais le jour suivant n'était rien de plus que ça : le jour suivant. Ce qui s'était passé la veille devait être oublié, ou mieux encore : enfoui.

Malheureusement, ce que j'ai oublié aussi, c'est comment sourire. Mon sourire m'a tout de suite complexé. C'est quelque chose que même adulte, j'ai eu beaucoup de mal à résoudre. Puisque j'avais perdu mes dents de lait, mes dents adultes, presque des « dents de lapin », ont poussé prématurément. C'est étrange, des dents adultes dans la bouche d'un enfant de 7 ans. J'ai attiré un tout nouveau genre d'attention inopportune. Mes lèvres sont devenues la protection d'un sourire volé. Une photo après l'autre, j'ai refusé de sourire. À 7 ans, 9 ans, 13 ans, 22 et 29.

De temps en temps, ma mère en déniche une où on voit mes dents. Il n'y en a pas beaucoup. Et lorsque je les regarde, parfois je grimace. D'autres fois, les larmes me sont montées aux yeux. Je me suis demandé si j'étais vraiment heureux sur cette photo ou si je m'étais simplement forcé parce que quelqu'un avait dit : « Souris, Matt », et que j'ai obéi. Mon manque de joie à la vue de ces clichés trahit son absence au moment du cliché.

Quelle image devais-je donner aux autres, un enfant qui souriait si peu ? Le prenait-on comme le signe d'un traumatisme que je n'arrivais pas à surmonter ? Ou comme un comportement typique de garçon qui me passerait ? Ces années passées sans sourire sur les photos, souvent sans qu'on me demande pourquoi, m'interrogent sur le nombre de signes de traumatisme que nous ne voyons pas ou sur lesquels nous fermons les yeux chez les enfants noirs.

On exige des garçons noirs qu'ils soient durs et brutaux. Qu'ils encaissent la douleur sans une larme. *Si tu te bats, tu as intérêt à gagner ou je te botte le cul à ton retour à la maison.* Une phrase que j'ai entendue bien trop souvent dans la bouche d'amis et de membres de la famille. Être noir et queer superpose plusieurs problèmes. Il peut y avoir la peur de votre propre communauté et la peur d'être harcelé par les autres enfants qui ne respectent pas votre identité. Lorsque ce genre de pression augmente chez un enfant queer, la peur devient étouffante et vous enveloppe dans des couches chacune plus difficile à enlever quand on grandit.

Adulte, j'ai dû désapprendre ce que je croyais savoir pour comprendre que la façon dont ma communauté traite ses enfants queers découle d'un système d'assimilation. Pour atteindre l'idéal blanc et la respectabilité, les Noirs se forcent à se couler dans un moule de la société où être un homme signifie être hétéro et viril. Je n'avais pas la capacité de séparer mon identité noire de mon identité queer. La perte de mon sourire était autant un déni de ma joie noire que de ma joie queer. Lorsque je souriais, il s'agissait d'un mécanisme de défense. Mon sourire était un masque qui cachait la douleur de réprimer mon identité.

Le masque est un mécanisme de défense courant chez les garçons noirs queers. Nous enfouissons ce qui nous est arrivé, dans l'espoir que ces évènements ne reviennent pas plus tard dans notre vie adulte. Certains d'entre nous ne se rendent jamais compte que ces os enfouis dans notre subconscient dirigent chacune de nos décisions et de nos interactions. Étrangement, beaucoup d'entre nous se connectent aux autres grâce au traumatisme et à la douleur : des personnes brisées qui trouvent d'autres personnes brisées dans l'espoir de se réparer les unes les autres.

Avant, lorsque je prenais une belle photo où je souriais, je croyais l'avoir surmonté. Mais il suffit d'une mauvaise pour me rappeler que le traumatisme a une drôle de façon de surgir dans nos vies lorsque nous nous y attendons le moins. Ce peut être un acte que nous mettons sur le compte de quelque chose d'autre, alors qu'il s'agit de la manifestation d'une douleur que nous avons refusé d'affronter. Un traumatisme que personne ne nous a aidés à traiter, peut-être parce que personne n'avait le moyen de comprendre ce besoin d'aide. *Les garçons ne pleurent pas, alors réprime-moi cette merde*. Parfois jusqu'à la tombe.

Il est arrivé que je me brosse les dents trop fort, que je sente le goût du sang. Je suis alors immédiatement ramené à ce jour-là. Un adulte, qui pleure face au miroir de la salle de bains et fait semblant de ne pas savoir pourquoi.

Le traumatisme apparaît dans toute la culture pop, une phrase de chanson reprise par les foules, écrite par l'artiste pour soulager sa douleur. Il est aussi partagé par la communauté. Les chansons deviennent notre cri de guerre, le traumatisme notre lieu de ralliement. À tel point que j'ai entendu dire : « Il faut que Mary J. Blige arrête d'être heureuse, parce qu'elle fait de la meilleure musique quand elle est triste. » Notre communauté peine à s'identifier à la joie comme nous le faisons avec la douleur.

Lorsque j'entends Cardi B chanter « *gotta bag and fixed my teeth*[2] », c'est plus qu'une phrase mignonne dans une super chanson. Eh oui, *Bodak Yellow* était génial ! Mais Cardi B réagissait à des années de haine et de critiques sur ses dents tordues. Et elle parle du traumatisme qu'elle a subi, de ce qu'elle a pu faire pour reprendre le pouvoir sur ces moments difficiles, puis s'en servir pour rendre les autres fiers. Chaque fois qu'elle parle de ses dents,

2. « J'ai fait du fric et refait mes dents. »

elle se permet d'activer le processus de guérison plutôt que d'être étouffée par le poids du traumatisme réprimé.

Pendant des années, j'ai gardé ce moment traumatisant en moi, et il s'est réfléchi dans des centaines de photos où mon visage est privé d'un sourire. J'ai essayé de le faire bouche fermée, de grimacer. Plus tard, quand je me faisais draguer par des garçons et que je souriais, ils susurraient : « Tu as un joli sourire. » Ma réaction instinctive était de lever les yeux au ciel. Et quand des amis m'envoyaient des messages disant : « J'ai remarqué que tu ne souris jamais », je détournais les commentaires et donnais une raison qui n'avait rien à voir avec ce que je ressentais. En moi, il y avait toujours un enfant de 5 ans qui n'était pas prêt à sourire. Cette personne queer en moi ne pouvait exister complètement.

Le 15 janvier 2015 a marqué un tournant dans mon traumatisme du sourire. Ce jour-là, ma mère a fait deux ruptures d'anévrisme. C'était une situation terrible et ma famille n'était pas du tout prête. À 30 ans, je savais qu'il fallait que je tienne le coup. J'étais son aîné et elle aurait besoin de moi.

Je me souviens des paroles du médecin : « C'est l'heure de se rendre dans la salle de préparation. Deux personnes peuvent l'accompagner. »

Mon père et moi avons décidé d'y aller. On a poussé le fauteuil roulant dans la salle d'attente juste avant l'opération et on nous a prévenus : « Vous avez une minute. » Mon père se trouvait d'un côté du lit, moi de l'autre. Il l'a embrassée et elle a dit : « Tout ira bien. »

Je suis resté là. Anxieux. Terrifié. Enfin, je l'ai embrassée aussi. Lorsque je me suis écarté, elle a vu que je retenais mes larmes. À ce moment, j'avais l'impression d'être ce garçon de 5 ans assis sur les genoux de sa mère juste après avoir perdu ses dents. Et, en cet instant où elle avait besoin de soutien, c'est moi qu'elle a réconforté. Comme si elle avait toujours su que je ne m'étais pas remis de cette journée. Avant qu'elle entre dans la salle d'opération, elle devait s'assurer que j'y réussirais. Alors qu'une larme roulait sur chacune de mes joues, elle m'a regardé et dit : « Souris, Matt. Souris. »

Je lui ai offert mon plus grand sourire depuis le jour où je l'ai perdu.

Ma mère a survécu à son opération et j'ai appris une importante leçon sur le fait de réprimer le traumatisme. Il est nécessaire de déballer toute cette merde. Il est temps que le monde laisse les garçons noirs queers déballer toute leur merde.

Souriez, garçons noirs.

P-S : Le lendemain du jour où j'ai perdu mes dents, mes cousins se sont rendus à notre école avec mon oncle et ont cassé la figure du meneur et de son père avant le début des cours. Ils ont été suspendus pendant cinq jours. Ne vous en prenez jamais *à la famille.*

CHAPITRE 2

IDENTITÉ

« Matthew… Matthew !!!

— Quoi ?

— Un peu de politesse, petit ! »

J'ai couru au rez-de-chaussée et je me suis arrêté devant le grand fauteuil du séjour où Nanny était assise.

« Oui, Nanny ?

— Va donc à l'étage chercher mon sac derrière la porte.

— D'accord. »

Et me voilà reparti. J'étais le « va-donc » de Nanny. Vous savez, *va donc chercher ceci* ou *va donc chercher cela*. Mais j'aimais l'aider. Même si elle vous faisait souvent descendre au rez-de-chaussée, où elle se trouvait, tout ça pour vous renvoyer chercher ce qu'elle voulait à l'étage. Nanny fonctionnait à l'ancienne. Elle voulait vous voir avant de vous donner ses instructions.

La haute maison jaune de Lansdowne Terrace à Plainfield était mon second foyer. On l'appelait la « Grande Maison » en comparaison à celle de mes parents, bien plus petite. Chez Nanny, c'était notre refuge quotidien après une longue journée de règles strictes à l'école. Puisque mon père et ma mère travaillaient, mon frère et moi y restions de 15 heures à 21 heures. Ma mère venait alors nous chercher après ses heures de travail au salon de coiffure.

À la Grande Maison, on s'amusait toujours, parce que mes cousins Rall et Rasul y vivaient, ainsi que ma tante Munch quand elle revenait de l'université. Enfant, je comptais aussi la maison de Nanny comme « foyer ». Souvent, le vendredi, ma mère nous demandait si nous voulions rentrer à la maison ou rester pour le week-end. Nous choisissions toujours de rester, au soulagement certain de ma mère qui travaillait aussi au salon de coiffure le samedi.

La Grande Maison signifiait également la famille. Il y avait une grande table à manger et Nanny adorait cuisiner les dimanches et recevoir tous les Elder, ma famille maternelle, à dîner et à regarder les matchs de football américain sur la télé grand écran du salon.

Je me rappelle un dimanche soir en particulier, Little Rall et moi nous chamaillions, pour de rire, comme toujours. Ça a commencé de façon inoffensive.

« C'est pour ça que tu es petit, me souviens-je lui avoir dit.

— C'est pour ça que t'es moche », a-t-il rétorqué.

Tout le monde nous laissait faire parce que ça semblait innocent, au début, personne ne serait blessé. Ça a vite changé quand je l'ai charrié sur ses notes. Pour information, j'étais un excellent élève, un intello sur bien des points de vue. Mes cousins savaient que j'étais brillant et ils n'étaient pas tant jaloux qu'agacés. Vous voyez, on se servait toujours de mon bulletin de notes comme de référence. Alors j'ai lancé :

« C'est pour ça que tu as de mauvaises notes. »

Ça l'a rendu fou furieux. Heureusement pour moi, Little Rall m'avait toujours protégé alors je n'avais pas peur qu'il réagisse avec violence. Si ça avait été Rasul, le résultat aurait été différent. Mais au lieu de me donner un coup physique, Little Rall a frappé sous la ceinture et m'a touché de la pire des façons. Avec une vérité que la majorité de ma famille n'était pas prête à m'apprendre, quelle que soit leur raison :

« C'EST POUR ÇA QUE TON VRAI NOM C'EST GEORGE ! »

Je suis resté sous le choc. D'abord, parce que je me suis dit : « Quelle réplique ridicule ! » Ensuite, parce que je savais que ce n'était pas vrai. Alors j'ai répondu :

« C'est pas vrai !! »

Ce à quoi il a rétorqué :

« Si ! Tu t'appelles George, pas Matthew ! »

Cette fois, je me suis énervé. J'ai crié en boucle : « Je m'appelle pas George, je m'appelle Matthew ! » jusqu'à ce que Nanny arrive de la cuisine, dans la salle à manger où nous nous disputions.

« Vous en faites un vacarme !

— Little Rall arrête pas de dire que je m'appelle George et pas Matthew ! »

Son visage s'est fait de marbre, elle a serré les dents. Elle a jeté à Little Rall ce regard que tous les enfants noirs craignent de leur mère noire. Ce regard dans lequel on lit les mots avant qu'ils soient prononcés : « Je vais te botter les fesses dès que tout le monde sera reparti ! » Heureusement pour lui, j'étais dans tous mes états et elle a préféré s'occuper de moi d'abord.

« Viens dans le séjour, Matt, nous allons discuter. »

Une fois tous les deux sur le canapé, elle m'a expliqué que mon cousin avait raison, que mon vrai nom était George. Je me souviens m'être demandé ce que cela signifiait. Étais-je censé être quelqu'un d'autre ? Y avait-il eu une erreur à ma naissance ? Est-ce que tout le monde dans ma famille avait de faux noms aussi ?

Cette nouvelle m'avait bouleversé. J'avais l'impression que toute ma réalité avait été brisée et je n'arrivais pas à comprendre ce qui se passait. J'ai posé tout un tas de questions, et en premier : « Pourquoi vous n'utilisez pas mon vrai nom ? »

Asseyez-vous tous, c'est l'heure de l'histoire. Les histoires sont un thème récurrent dans ce livre, alors vous devriez aussi vous préparer du pop-corn. À l'époque, ma famille ne m'avait pas expliqué pourquoi on n'utilisait pas mon prénom, ils ont préféré attendre que je grandisse.

Retournons à la maternité où je suis né...

Mes parents et ma grand-mère s'étaient rassemblés pour décider de mon nom. À l'époque, mon père voulait que le prénom de tous ses fils commence par un G. Mon frère aîné, qui était déjà en première, s'appelait Gregory Girard Johnson Jr., comme lui. Alors, dans tout son génie imaginatif, il pensait que je devrais me nommer Girard Gregory Johnson. Est-ce que j'ai précisé qu'il venait de la campagne ? Vous comprendrez plus tard. Heureusement, ma mère et Nanny ont refusé catégoriquement.

Alors il a décidé de me donner le nom de son père à lui et de son frère : George. Le nom de mon grand-père était George Washington Johnson. Vous avez le droit d'en rire, comme moi la première fois que je l'ai appris quand j'étais enfant. Et mon oncle s'appelait George Stevenson Johnson. Là aussi, vous avez le droit d'en rire. Sa seconde tentative fut de faire de moi le « junior » de mon oncle : George Stevenson Johnson Jr., puisque lui avait trois filles. Ma mère et ma grand-mère ont à nouveau refusé catégoriquement. Quiconque connaît mon père sait qu'il est seigneur en son domaine et qu'il veut que tout soit fait à sa façon. Alors, au bout du compte, ils ont trouvé un compromis : il déciderait de mon premier prénom tant que Nanny et ma mère choisissaient le second.

Alors Nanny a sorti sa Bible et dit à ma mère :

« Son second prénom sera biblique, car je refuse d'appeler un petit bébé George. »

Lorsqu'elles ont parcouru les Évangiles, « Matthew » a attiré leur attention. Elles trouvaient que c'était un bon personnage et que j'avais une tête de Matthew. Ce jour-là, George Matthew Johnson est arrivé au monde, mais c'est Matthew Johnson qui a quitté la maternité.

Retournons à cette soirée dans la Grande Maison : Nanny me trouvait trop jeune pour entendre cette histoire, se doutait que ça ne ferait que me donner encore plus de questions, alors elle m'a répondu de façon générale : « Nous avons décidé de t'appeler par ton second prénom. »

Ce soir-là, quand ma mère est venue nous chercher, ma grand-mère lui a raconté ce qui s'était passé. Ma mère m'a demandé si j'allais bien, je lui ai répondu oui. Mais franchement, non. Elle n'a pas insisté et nous a ramenés à la maison. Elle n'imaginait pas que, pour moi, l'affaire était loin d'être terminée.

Le lendemain, à l'école, tout semblait normal. Mme P. a fait l'appel comme tous les jours, pour noter les absences. « Matthew Johnson », a-t-elle prononcé à voix haute. J'ai répondu : « Présent. » La classe s'est déroulée comme d'habitude. Nous avons eu un contrôle et elle nous a donné une demi-heure.

« Posez vos stylos », a-t-elle ordonné lorsque l'alarme a sonné.

Quand elle est arrivée à mon bureau, je lui ai tendu mon devoir. Elle l'a regardé, a levé les yeux vers moi, puis elle a regardé le devoir à nouveau. On aurait dit qu'elle savait que quelque chose se passait, sans savoir s'il fallait l'aborder en classe ou en privé. Elle n'a pas commenté à ce moment-là et elle a commencé la correction. Tout le long de la journée, elle nous a donné des devoirs d'anglais et de sciences. À chaque contrôle, j'ai écrit mon nom :

George Johnson

Je n'aurais même pas imaginé qu'elle s'inquiétait que je fasse une crise d'identité. Enfant, je m'adaptais très vite aux changements, bien plus qu'adulte. La veille, j'avais eu l'impression que ma vie entière avait été un mensonge, le lendemain, je trouvais très cool d'avoir un autre nom. Cette facilité démontrait ma capacité à prendre les choses comme elles venaient. J'avais ce pouvoir de contrôler mon histoire et, à cet instant, j'ai choisi de faire ce qui me semblait le mieux pour moi, sans hésiter. En tant qu'enfant qui avait si rarement l'occasion de décider de sa voie, dans une société qui attendait de moi que je coche une case au sujet de mon identité, c'était la seule chose que je pouvais choisir par moi-même. Une marque de mon identité que j'avais le pouvoir de définir.

Ce jour-là, j'étais excité d'écrire mon prénom chaque fois que j'en avais l'occasion. Je ne cessais de changer d'idée sur la façon dont je devais tracer le G. J'étais dans mon petit monde, je disais à tous mes amis que mon vrai nom était George. Pour un enfant de 8 ans, c'était une grande nouvelle. Leur ami qui s'appelait Matthew la veille s'appelait désormais George ! Cet évènement a déclenché un peu de bazar car, bien sûr, les autres enfants ont voulu eux aussi changer de nom. Je n'arrêtais pas de leur répéter qu'ils devraient d'abord en parler à leurs parents pour avoir la permission, comme moi.

Après l'école, nous sommes rentrés chez Nanny comme d'habitude, nous nous sommes assis à table et nous avons fait nos devoirs. Puis nous sommes montés dans la chambre de mes cousins pour jouer aux jeux vidéo. Nous avons entendu le téléphone sonner, ce qui arrivait très peu, alors nous répondions rarement à moins que Nanny crie : « Va donc répondre au téléphone ! » Cette fois, c'est elle qui a décroché, avec sa voix de femme blanche : « Allôôô. » Au bout d'une minute ou deux, elle m'a appelé :

« MATT !!! Viens répondre au téléphone ! C'est ta maman ! »

Je suis descendu en courant dans l'entrée où se trouvait Nanny. Elle m'a passé le combiné.

« Tiens, mon chéri.

— Coucou, Matt. Je veux te parler du nom que tu souhaites utiliser, a dit ma mère. Ta maîtresse m'a appelée aujourd'hui, elle s'inquiétait parce que tu as écrit George sur tous tes devoirs. »

Je me souviens avoir répondu :

« Oui, c'est ce que j'ai écrit puisque c'est mon vrai prénom.

— Je sais, mais tu dois prendre une décision. Soit on t'appelle George, soit on t'appelle Matthew. Tu peux réfléchir avant de te décider. Mais tu ne peux pas aller de l'un à l'autre, alors il faut qu'on en choisisse un. »

À cet instant, je me suis senti un peu nerveux à l'idée de les décevoir si je choisissais George au lieu de Matthew. Avant que je réponde, elle a ajouté :

« Personne ne t'en voudra si tu changes. Tu es assez grand pour prendre cette décision tout seul. »

Ma mère a toujours su quoi me dire. Elle savait combien c'était important pour moi, même à 8 ans, de prendre cette décision moi-même. Une décision sur laquelle je n'avais pas eu voix au chapitre avant. J'ai réfléchi quelques secondes. Nanny attendait que je me décide. Enfin, j'ai répondu :

« Je garde Matthew.

— OK… Matthew, alors. Je le dirai à ta maîtresse. On se voit tout à l'heure, d'accord ?

— OK, maman ! »

Et mon nom redevint Matthew, aussi simplement que ça.

J'ai pu garder ce nom durant le collège, qui était un établissement public, où j'avais le droit de l'utiliser sur toutes les listes d'appel. Par contre, arrivé en troisième, les règles strictes de ma nouvelle école catholique m'interdirent l'usage de « Matthew ».

« George Johnson » était le nom légal sur la liste d'appel le premier jour de troisième[1] et non, on ne changerait pas pour Matthew Johnson. Dans ce lycée catholique, il y avait quelques élèves qui étaient allés à la même école primaire et au même collège que moi. Dès qu'ils m'ont entendu dire présent, ils m'ont jeté un regard du genre : « Non, mais c'est qui, George ? » Cette première semaine, j'ai passé mon temps à répondre : « Oui, c'est mon vrai nom. » Bizarrement, dans ma famille, on refusait toujours d'utiliser mon premier prénom. Alors au lycée, on m'appelait George, et à la maison, je devenais Matthew aux yeux de ma famille, de mes amis et de quiconque m'avait vu grandir.

Depuis, mon prénom est George pour certains, Matthew pour d'autres. Et j'ai beau trouver que c'est l'anecdote la plus drôle dans le lexique de ma vie très animée, je pense qu'il y a une signification plus profonde. Le sujet de cette histoire n'est pas mon nom. Ni le choc d'un enfant de 8 ans qui se sentait victime d'une mauvaise plaisanterie, ni celui d'un enfant de 13 ans forcé d'accepter l'usage de son premier prénom.

1. Aux États-Unis, il arrive que le lycée commence à l'équivalent de notre troisième.

Le sujet, c'est l'identité. C'est la culture et la façon dont elle impose ce que sont un « bon » et un « mauvais » prénoms, surtout dans la communauté noire. C'est la politique du sexe et du genre, et que lorsque nos parents choisissent un prénom que nous n'aimons pas enfant, nous avons le droit de le changer.

Ma mère a respecté mon droit de choisir ce qui me convenait le mieux. Mais cette conversation aurait-elle été aussi simple si j'avais voulu devenir Dominique[2] ou Samantha ? Même enfant, il y avait cet accord tacite que mon prénom était une commodité pour les membres de ma famille. Et que oui, ils avaient beau ne pas vouloir appeler un bébé George, le moment arriverait où ce ne serait plus de leur ressort. Mon prénom m'appartenait, et à moi seul.

Ce lycée catholique qui ne me permettait pas d'utiliser mon « prénom choisi » m'a appris une leçon importante sur la conformité. En plus de porter un uniforme, on attendait des élèves qu'ils obéissent à une série de règles sociales et comportementales. Nous étions forcés d'aller à la messe et de suivre un cours de religion, quelles que soient nos croyances. Nous étions punis chaque fois que nous faisions quelque chose qui remettait ces règles en question ou n'y correspondait pas. Aussi sévères qu'elles aient

2. En anglais, Dominique sous cette orthographe est un prénom féminin, Dominic est la version masculine.

été, elles m'ont préparé aux environnements auxquels j'aurais accès plus tard dans ma vie, dans lesquels on exigeait de moi une norme de respectabilité pour être accepté. Toutefois, durant mon lycée, ces structures conformistes m'ont forcé à me rebeller d'autres façons.

Dans un cas particulier, un jour où nous avions été autorisés à ne pas porter notre uniforme, j'ai mis un bandeau de basket-ball. Trois cours se sont écoulés avant qu'une professeure me dise que je devais l'enlever. J'ai refusé. Elle a répété :

« Vous n'avez pas le droit de porter ce bandeau dans ma classe.

— Et moi je refuse de l'enlever, qu'est-ce qu'on fait, maintenant ? »

D'une voix très satisfaite, elle a répondu :

« Je signale votre comportement et je vous colle.

— D'accord, mais je garde mon bandeau. »

L'*agency*, le pouvoir de décider pour soi-même. C'est un mot que je ne connaissais pas quand j'étais jeune et un principe que l'on devrait plus enseigner aux enfants. Plutôt que de dire « Mets ça », j'espère que plus d'adultes demanderont : « Que veux-tu porter ? » Puis qu'une conversation naîtra de ces choix. Lorsque nos enfants ne se conforment pas aux règles de la société hétérosexuelle ou qu'ils sont attirés par ce qu'on considère appartenir au « genre opposé », j'aimerais vraiment que nous posions les questions plus profondes sur qui et ce qu'ils sont.

Le nom est l'une des parties les plus importantes de votre identité. Il vous appartient. Il est attaché à chaque œuvre que vous créez. Votre nom détient du pouvoir lorsque vous entrez dans une pièce. Deux personnes portant le même nom sont deux personnes différentes. Il est important que, comme tout ce qu'on apprend à aimer dans sa vie, vous l'appréciiez.

Sinon, changez-le. Il vous appartient et il restera avec vous pour toujours, faites-en ce que vous souhaitez. Alors que nous continuons à comprendre le sexe et le genre, de nombreuses personnes vont reprendre le pouvoir et changer leur nom, en choisir un qui correspond à ce qu'elles sont, pas ce que la société les force à être. Gardez votre nom s'il vous convient. Mais sachez que vous n'y êtes pas forcés.

Le plus important à comprendre, c'est que vous avez l'*agency* de prendre des décisions qui sont dans votre intérêt. Le pouvoir de vous rebeller contre la société et même votre propre famille. Malheureusement, nous vivons dans un monde où lorsque nous reprenons ce pouvoir, nous nous retrouvons face au rejet, à l'irrespect ou même la violence, surtout les personnes qui acceptent et affichent leur identité queer très jeunes.

Bien entendu, respectez le nom des gens et leur choix d'identité. Il en va de même pour leur choix de pronom : il/lui, elle/elle, iel/ellui, dieu, déesse, ou tout autre chose. Nous sommes conditionnés à croire qu'il s'agit d'une exception. Mais c'est la règle : les gens ont le droit d'être appelés par leur nom et leurs pronoms choisis.

Désapprenez tous ce que vous croyez savoir à votre sujet. Écoutez ce qu'il faut que vous sachiez sur ceux qui naviguent dans la vie en dehors de la case hétérosexuelle. Je parie que beaucoup d'entre vous ne se sont même pas demandé s'ils aimaient leur prénom. Ou s'ils pouvaient le changer. J'espère que oui, désormais…

CHAPITRE 3

« HONEYCHILD[1] »

Nous vivions dans une maison de type ranch, où toutes les pièces se trouvaient au même étage. Mon frère et moi partagions la même chambre, à côté de celle de mes parents, au bout du couloir. La troisième chambre était réservée aux invités. Le reste du temps, nous nous en servions comme d'un autre débarras. Mon père est ce que beaucoup appelleraient un écureuil, c'est-à-dire qu'il ne jette jamais rien. À moins qu'il ait acheté de quoi remplacer quelque chose, et même là, il préfère de loin garder l'ancien « juste au cas où ». La plupart des jouets de mon enfance se trouvent toujours dans la maison. L'argument de mon père est qu'ils « auront peut-être de la valeur un jour ».

1. Littéralement « enfant-miel ».

Dans notre chambre, il y avait des lits superposés, six mois de l'année empilés l'un sur l'autre, les six autres mois séparés de chaque côté de la chambre, comme nous l'aimions. Dans un placard, on trouvait tous nos jouets et la plupart des vêtements des trente dernières années ayant appartenu à ma grand-mère paternelle, celle qui vivait en Virginie. Comme je le disais, mon père ne jette jamais rien.

Nous avions chacun une commode, la mienne haute et étroite, celle de mon frère longue et large, mais nous nous partagions tout le reste, y compris la télévision. Nous nous disputions rarement, alors il y avait peu de désaccords sur le choix de la chaîne. Nous nous apprêtions à nous coucher un soir quand ma mère m'a appelé depuis le salon.

Elle m'attendait assise sur le canapé, devant la télé. Il y en avait une dans chaque pièce. Encore une chose dont mon père ne pouvait se passer. Lorsque je suis arrivé, elle a dit : « Assieds-toi, Matt. Je dois te parler de quelque chose. »

Ce « quelque chose » s'accumulait apparemment à l'école depuis plusieurs semaines à mon insu. Elle m'a alors demandé :

« Dis-moi, quel mot utilises-tu en classe pour parler à tes camarades ? »

Voici un peu de contexte.

Enfant, j'étais très impertinent. À l'époque, les enfants me traitaient de « chochotte », avant de grandir et de passer à « pédé ». Je me souviens que je regardais la façon dont les femmes marchaient, ce balancement de gauche à droite. J'avais un déhanché naturel, mais je savais que je n'étais pas censé marcher ainsi, alors j'essayais de m'en empêcher. Le mot-clé étant « essayer ».

J'étais maigrichon et non, mes hanches ne ressortaient pas. Pourtant à l'époque, avant que les autres enfants deviennent cruels, je faisais de mon mieux pour balancer mon petit corps de gauche à droite quand je marchais, encore plus qu'il ne le faisait naturellement. Ma famille s'écriait toujours : « Arrête de te déhancher, Matt ! » Je ne faisais qu'en rire, même quand quelqu'un m'ordonnait d'arrêter et de recommencer à marcher « comme un garçon ».

J'étais encore en CE1, un enfant joyeux, un peu bavard, dans l'ensemble gentil. On me considérait intelligent, sur la base de tous les contrôles standardisés. J'aimais recevoir mes notes et constater que j'étais « au-dessus de la moyenne nationale ».

Quant à ma vie sociale, elle se composait surtout de filles. Elles m'attiraient car elles étaient le reflet de ce que je sentais en moi. J'agissais plus ou moins comme elles, je copiais certaines de leurs manières, ou du moins, c'était ce que je me disais. J'étais trop jeune pour me demander si cette interprétation était innée ou pas. Aujourd'hui, je sais que je n'imitais personne.

Les poignets pliés, la démarche, l'impertinence ne reflétaient que moi-même.

Arrêtons-nous une seconde sur ce sujet. Même aujourd'hui, il y a des moments où je doute de ma gestuelle, ma féminité et plus encore. Proviennent-elles de mon imitation des femmes noires de ma vie ? Me viennent-elles naturellement ? Un mélange des deux ? Je sais que ça n'a pas d'importance. Et quelle que soit l'image qu'on a de ma gestuelle, pour moi, elle est naturelle. J'aime réfléchir à toutes les façons dont je suis devenu moi, c'est tout.

Mes amis et moi utilisions des mots et des phrases du genre *hey, girl* et *chiiild*[2], qu'on n'entendait que dans la bouche des adultes. Mais nous étions des enfants qui jouions à être grands. Tant qu'aucun adulte ne nous surprenait, nous nous disions qu'on ne nous l'interdirait pas. Une de mes amies était une grande fille blanche, un peu ordinaire, mais très gentille. Aussi étrange que ce soit, j'adorais son nom de famille, « Haudenschild ». Je rêvais d'avoir un nom aussi cool que celui-là.

À peu près à la même époque, quelqu'un de nouveau est entré dans mon cercle personnel. Je dis ça comme si j'en avais un, à 8 ans. En tout cas, une nouvelle adulte est arrivée dans la famille. Elle sortait avec mon oncle Rall. Crystal était l'une des femmes noires les

2. Formes d'interpellation, littéralement « Hé, salut, toi ! » (au féminin) et « Enfaaaaaant ».

plus jolies, les plus cool et les plus vives que j'avais jamais rencontrées. Ses ongles étaient toujours manucurés et des mèches blondes et rousses coloraient ses cheveux. Je trouvais qu'elle ressemblait à la chanteuse Faith Evans. Elle conduisait une Cadillac blanche.

Avec elle, on s'amusait toujours. Pendant qu'elle apprenait à connaître la famille, elle nous emmenait promener, mes cousins et moi. Je l'appelais toujours « mademoiselle Crystal », elle deviendrait plus tard tante Crystal. Mon oncle Rall et les autres l'appelaient par son surnom, « Honey ». Ça allait si bien à quelqu'un d'aussi sympa. En secret, j'imaginais ce que ce serait, si je me nommais aussi Honey. Bien sûr, lorsque je rêvais ainsi, je me figurais en fille et parfois en femme.

Je me voyais rarement, voire jamais, en garçon qui grandissait. Dans mes rêves, je vivais comme je me sentais. Je me voyais en fille ou femme ressemblant à ma mère, surtout parce que nous nous ressemblons effectivement. Je tiens ma gestuelle de la sienne et des autres femmes avec qui j'ai grandi, principalement mes tantes.

Dans la réalité, je reste un garçon. J'avais beau ne pas avoir le pouvoir de vivre comme dans mes rêves, il fallait que je profite au mieux de ma situation actuelle. Je voulais me sentir un peu plus fille, mais je savais que je ne pouvais pas utiliser leur vocabulaire sans qu'on change de regard sur moi. Les garçons étaient censés parler d'une façon, les filles d'une autre. Alors je faisais de mon mieux pour ne pas utiliser le vocabulaire féminin lorsque j'étais avec des garçons et *vice versa*. Je faisais de l'alternance codique avant même d'en connaître l'existence.

Un jour, je parlais avec un groupe de filles, disons plutôt qu'on commérait, lorsqu'au lieu de simplement m'exclamer « *girl !* » ou « *child* », j'ai dit : « Honey*child*… » Le mot a coulé sur ma langue avec naturel et vivacité. Les filles ont eu l'air stupéfaites, je savais pourquoi. J'ai souri, j'ai plié mon petit poignet dans leur direction et j'ai répété « *Honeychild* » avant de finir ma phrase. L'une d'entre elles m'a imité. J'avais créé mon premier mot d'argot gay, sans savoir ce que signifiait être gay.

Ce n'est que bien plus tard que j'ai entendu parler de « l'argot gay ». Des termes comme *shade* et *yaaassss* qu'on entend si souvent à la télé ou qu'on lit sur les réseaux sociaux, surtout dans la bouche de personnes n'appartenant pas à la communauté LGBTQIAP+, sont devenus courants dans la culture pop. De l'argot qui ostracisait les enfants comme moi qui le parlaient. De l'argot qui ostracise encore aujourd'hui les enfants queers qui le parlent. Et pourtant, les hétéros s'en servent hors contexte sans aucun risque.

Ce jargon ou argot a été créé par les « Black femmes », un terme parapluie qui englobe les femmes trans, les hommes queers, les personnes non binaires, les femmes cishétérosexuelles, et d'autres que j'oublie peut-être, de la communauté noire. Toutefois, les personnes s'identifiant comme queers ont beaucoup été effacées de cette étymologie, ce qui a répandu l'idée que la culture queer vient de l'imitation des femmes noires cishétérosexuelles. Ce n'est pas le cas. Cet effacement a aussi permis à la communauté hétérosexuelle d'obtenir la « permission » d'user d'un langage que la communauté queer utilise à ses risques et périls.

Ce jour-là, les filles et moi, Haudenschild comprise, nous avons commencé à employer ce mot. C'était si drôle d'avoir un vocabulaire qui m'appartenait. Je me sentais comme les femmes du salon de coiffure de ma mère qui se racontaient des potins : puissant et libre.

Durant les semaines suivantes, nous avons utilisé « *Honeychild* » entre nous et ailleurs. Je m'en servais surtout avec les personnes avec lesquelles je me sentais à l'aise, les filles, elles, l'utilisaient avec tout le monde. Avant longtemps, tous nos camarades le connaissaient, y compris les garçons. Ce mot, d'abord limité à notre groupe d'amis, est vite entré dans le vocabulaire de classe. Il s'est ensuite échappé de ces murs et s'est répandu jusque dans les familles des élèves.

Les adultes ont commencé à se demander pourquoi un garçon utilisait un mot aussi « féminin ». Malheureusement, la créativité des enfants est souvent attaquée lorsqu'elle sort des règles acceptables du jeu du genre. En gros, si une fille avait créé ce terme, personne n'en aurait fait tout un plat. Mais que l'origine en soit un garçon faisait naître de graves inquiétudes.

Je vais être franc. Je n'ai aucune preuve que les parents de mes camarades se soient indignés de l'usage de ce mot. Ce n'est pas comme si on m'en avait parlé directement, ni à mes parents. Mais j'ai assez d'expérience pour savoir que les adultes d'aujourd'hui sont toujours mal à l'aise quand un garçon fait quelque chose qui ne soit pas « masculin ».

Un parent s'était plaint à notre enseignante que leur enfant se servait de ce mot et en avait trahi l'origine. Ladite enseignante, inquiète du bien-être de tous les élèves, a pris sur elle d'appeler ma mère pour qu'elle me demande d'en cesser l'usage.

Ce soir-là, je me suis assis à côté de ma mère sur le canapé.

« Mme P. a rapporté que tu as créé le mot "*Honeychild*", qu'est-ce qu'il signifie ? »

Alors, je lui ai expliqué que je m'en servais pour faire référence à mes camarades plutôt que de prononcer leur nom.

« Eh bien, on dit que les autres enfants l'utilisent aussi et que ça devient une distraction, alors tu dois arrêter. »

Quand on est un enfant différent, il y a toujours « quelque chose ». *Ne te déhanche pas, Ne dis pas ça, N'agis pas comme ça.* Il y a toujours quelque chose qui doit être effacé et, au passage, un bout de vous-même. La crainte d'être à nouveau vulnérable écrase le bonheur d'être soi-même, alors on accepte d'effacer ce « quelque chose ».

Le langage est intéressant, surtout quand on est enfant. Les enfants sont connus pour créer leurs propres mots qu'ils s'échangent, souvent de façon considérée innocente. Pourtant, dans mon cas, ce néologisme représentait une menace à la masculinité, un idéal que je devais atteindre alors que je n'étais même pas assez âgé pour en comprendre la signification ni même comment l'épeler.

Alors les adultes de ma vie façonnaient la forme que prendrait ma masculinité. Il était aussi de leur responsabilité de s'assurer que la personne que j'étais, cette « chochotte », n'influence pas les autres enfants. Comme si être moi-même risquait de les changer. Et c'est ainsi que les grandes personnes réfléchissaient. Ce mot menaçait l'identité de leurs enfants, l'identité qu'ils souhaitaient pour eux.

De nos jours, quand je pense à « *Honeychild* », je peux prendre du recul et en rire. Rire qu'il ait autrefois été considéré comme un danger, mais qu'il est désormais aussi ordinaire que d'enfiler ses chaussettes. Comme je l'ai dit plus tôt, l'argot gay domine dans la société d'aujourd'hui. J'ai vu ce langage, autrefois brandi comme arme contre moi, être commercialisé à l'usage et l'appréciation de millions de personnes.

À l'exception de la communauté noire queer. Ce langage que nous avons créé parce que nous étions exclus est toujours une arme, comme lorsque j'étais enfant. Il fait de nous une proie plus facile. Nous n'avons pas le droit de vivre tels que nous sommes dans une culture que nous continuons à modeler et créer. Nous regardons nos oppresseurs utiliser nos propres œuvres sans aucune des répercussions que nous subissons.

Je me souviens que l'interdiction d'utiliser « *Honeychild* » ne m'a pas beaucoup perturbé, mais que je n'ai pas vraiment compris non plus. J'ai répondu : « D'accord, maman ». Elle a souri. Je suis retourné dans ma chambre et j'ai fini ma préparation avant d'aller au lit. Je n'ai plus jamais réutilisé ce terme, mais aujourd'hui, je reconnais ce traumatisme, car je ne l'ai jamais oublié non plus. Tout comme je n'ai jamais oublié la façon dont j'ai appris mon vrai prénom. Comme je n'ai jamais oublié cette agression en maternelle. Je n'ai fait que l'enfouir quelque part dans ma tête en espérant qu'il ne remonterait jamais à la surface.

Je n'ai plus jamais créé de vocabulaire pour moi-même. Je ne me suis pas vraiment renfermé, mais je savais que c'était lié à mon côté féminin. Les interdictions et les reproches ressortaient seulement, me semblait-il, lorsque j'exprimais cette féminité.

Les enfants n'oublient pas. Nous gardons autant les bons souvenirs que les mauvais. Nous portons aussi le stress des parents qui tentent de nous guider vers une exigence sociale. Les miens partageaient cette crainte, non sans raison. Ils avaient beau vouloir lutter pour que je vive « tel que j'étais », ils savaient aussi que ma vivacité me mettait en danger.

Heureusement, ils m'ont élevé dans mon propre intérêt plutôt que pour éviter l'embarras éventuel d'avoir un enfant tel que moi. Parfois, ils ont réagi par peur, sachant qu'ils ne pouvaient me protéger à mon départ de la maison. Il y a eu un mélange des deux, sûrement. Mais ils n'ont jamais cherché à chasser mon homosexualité de force, alors qu'ils ont saisi que j'étais gay dès mon plus jeune âge. Ils ont fait du mieux possible avec ce qu'ils savaient à l'époque.

Mais plus tard dans la nuit, j'ai compris que le seul endroit où je serais en sécurité, ce serait mon imagination. Si je voulais rester un enfant, ce serait aux dépens de mon identité de genre. La répression a continué ce jour-là. Les moments où je voulais pleurer seraient cachés sous un rire. Un faux sourire bouche fermée dissimulerait la douleur de ne pouvoir être moi-même. C'est le jour où j'ai commencé à porter un masque. Un masque qui cachait mon visage, pour que nul ne sache qui j'étais vraiment.

CHAPITRE 4

LES PÉDÉS AUSSI JOUENT AU FOOTBALL AMÉRICAIN

« D*own !* » criait le *quarterback.*

Tous les garçons de mon école primaire se mettaient alors en position. La voix du *quaterback* du jour résonnait partout dans la cour de récré. On se serait cru à la NFL, mais avec des joueurs de 10 ans très agressifs. Le *quarterback* regardait à gauche, puis à droite. Il s'assurait que ses coéquipiers s'étaient mis en position.

« *Blue 42 !... Blue 42*[1] *!...*

— À vos marques... PARTEZ ! »

Le football américain était la meilleure partie de la journée pour la plupart des garçons.

1. Code de tactique de football américain.

Sauf si vous étiez Matthew Johnson. J'appréhendais horriblement l'idée de devoir y jouer. Mes camarades de classe étaient de tels… garçons pour moi. Brutaux, durs, vulgaires. Pas moi. Je voyais toujours ce type de garçons comme des menaces. Ultra assurés, masculins, dominants. Ils me faisaient clairement comprendre que je ne leur ressemblais pas du tout. Et quand je ne les craignais pas à l'école, ils se rappelaient toujours à moi à la maison.

Je ne m'entendais pas très bien avec mon cousin Rasul. Chez Nanny, nous nous battions souvent. Il avait quelques années de plus que moi, alors je ne gagnais jamais. C'était une relation d'amour vache. On parle souvent des agressions à l'école, rarement quand on les vit dans nos familles. Il pouvait être à la fois mon plus grand protecteur et mon pire ennemi.

J'étais alors en CM2, assez âgé pour savoir que le football américain, ce n'était pas pour moi. Pour cette raison et bien d'autres…

J'ai choisi de ne pas y jouer.

Heureusement, il y avait bien d'autres moyens de s'occuper pendant la récré, le moment préféré de tout le monde. Pour ceux qui ne voulaient pas jouer au football américain, il y avait le basket. Près de la mare à côté de l'école, il y avait un vrai terrain sur le bitume, et même de la place pour ceux qui attendaient de participer à la partie suivante. Il se trouvait à côté du football américain. Et là aussi…

J'ai choisi de ne pas y jouer.

Pour ceux d'entre nous qui ne voulaient faire ni l'un ni l'autre, il y avait tout un terrain de jeu sur des copeaux de bois. Il avait été rénové quelques années plus tôt et on y avait ajouté un toboggan, des balançoires, des barres de suspension et une poutre. Bien entendu, nous l'avons transformé en course d'obstacles, comme dans l'émission *American Gladiators* diffusée à l'époque… dont la plupart d'entre vous n'ont probablement jamais entendu parler. Pensez *Ninja Warrior*, mais il y a vingt ans.

Deux personnes faisaient la course jusqu'au toboggan, remontaient la pente puis descendaient l'échelle. Ensuite, il fallait monter sur les barres de suspension et se balancer de l'autre côté, on sautait alors à terre avant de parcourir la poutre. Suite à quoi, on courait en zigzaguant entre les balançoires et on passait la ligne d'arrivée. En CE1 et CM1, j'adorais ce parcours d'obstacles. Puis, en CM2…

J'ai choisi de ne pas y jouer.

Heureusement, j'ai trouvé une autre activité préférée. Mon bonheur est arrivé sous la forme de deux cordes à sauter que l'on tournait en simultané. Une dans le sens des aiguilles d'une montre, l'autre dans le sens contraire. Les cordes frappaient le sol au rythme d'une aiguille, tic, toc, tic, toc tic, toc tic, toc, jusqu'à ce que quelqu'un fasse l'erreur de les toucher ou laisse son tour à un autre. Le saut à la corde est devenu ma nouvelle liberté quotidienne. Mon échappatoire. Nous jouions au sommet de la colline qui surplombait la cour où la plupart des garçons s'activaient au football américain. La première fois que je suis monté, les filles ont été ravies de m'apprendre. Je savais déjà sauter avec une seule corde, comme nous l'avions fait en cours de gym des centaines de fois, mais deux cordes, ça semblait compliqué.

Effectivement, j'étais très nul. Déjà, j'avais peur de ne pas réussir à passer entre les deux cordes. J'avais un cerveau analytique et j'essayais toujours de comprendre. Je n'arrivais pas à intégrer un saut entre deux cordes en mouvement. Mais j'ai vu les filles réussir à diverses vitesses et trouver le moyen de sauter sans les toucher. J'étais convaincu que je finirais par y arriver. Et un jour, je me suis décidé.

J'ai choisi de sauter.

Ce jeu se connectait à mon sentiment de féminité. C'était ma façon de l'exprimer, comme je ne pouvais le faire devant des amis ou la famille. Cette demi-heure par jour est devenue mon refuge et ces cordes plus qu'un jeu.

C'était moi qui sautais entre deux personnages : celui que je voulais être intérieurement et celui que la société m'imposait d'afficher. À chaque erreur, chaque brûlure de la corde sur mes jambes, ma fierté grandissait. Elles étaient les marques de mon dur effort quotidien pour me perfectionner.

À cette époque, les filles commençaient à se « développer », comme aurait dit ma grand-mère, ou, plus simplement, leurs seins commençaient à grossir. Alors elles sautaient en se tenant la poitrine. Je gloussais sous cape parce qu'elles avaient l'air si ridicules. En réalité, c'était une façon pour elles de constater qu'elles grandissaient. Certaines d'entre elles étaient plates et ne tenaient rien du tout. Je les imitais. Je me sentais alors plus connecté à ma féminité et à la fille dans ma tête dont je rêvais toujours.

J'étais le seul garçon à jouer à la corde, alors clairement, ça n'était pas censé être une activité masculine. Pire encore, les garçons n'avaient pas la possibilité d'y participer sans essuyer les moqueries. Franchement, ça n'aurait jamais dû être une activité genrée. De plus, ma présence n'a jamais paru déranger les filles.

Il y avait quelque chose de si féminin à sauter à la corde, sans parler de toutes les comptines amusantes qu'on chantait au passage. Avec une seule corde, notre chanson était :

« Teddy Bear, Teddy Bear[2],
Turn around !
Teddy Bear, Teddy Bear,
Touch the ground... »

Oh, mais quand on sautait à deux cordes, nous chantions ma préférée, celle dans laquelle on avait presque le droit de jurer :

« Miss Lucy had a steamboat[3],
The steamboat had a bell (Toot ! Toot !)
Miss Lucy went to heaven,
And the steamboat went to
Hell-o, operator... »

Si on allait au bout de la chanson, on accélérait la cadence : les deux tourneurs allaient aussi vite que possible jusqu'à ce que l'on renonce ou que la corde nous touche. À la fin de la récré, des marques rouges zébraient nos bras et nos jambes. Mais nous nous amusions quand même comme des petits fous.

2. « Petit ourson, petit ourson
Retourne-toi !
Petit ourson, petit ourson,
Touche le sol ! »

3. « Mlle Lucy avait un bateau à vapeur
Le bateau à vapeur avait une cloche (Tût ! Tût !)
Mlle Lucy est allée au paradis,
Et le bateau à vapeur en
Enfer/Allô, standardiste... »
Hell, ou « enfer », est un juron qui se transforme en *hello*, ici signifiant « allô ».

Un jour, il est devenu douloureusement évident que je ne pouvais plus jongler avec mes identités. Qu'un garçon ne saute pas à la corde, aussi innocente que soit cette activité. Un garçon, ça devait aimer le sport et se salir. Ça devait être ami avec d'autres garçons et être amoureux d'une fille. Ça ne devait pas essayer d'*être* une fille. Ce jour est arrivé bien plus tôt que je n'y étais prêt. J'ai pris alors une décision qui a changé ma façon d'avancer dans la vie à jamais.

C'était une belle journée d'avril. Nous approchions de la fin de l'année. L'heure du déjeuner était toujours intéressante, car je m'asseyais avec les garçons et parlais de choses de garçons, puis dès la récré, je rejoignais mes copines. Ce genre d'alternance codique, cette façon de naviguer entre différents espaces, était normal pour moi.

Malheureusement, ce jour-là serait très différent. À la fin du déjeuner, nous sommes allés dans la cour de récré au-delà des grandes doubles portes. Comme d'habitude, chacun a pris sa place : le terrain de foot américain, le terrain de basket, le terrain de jeu. Et puis moi, qui ne demandais rien à personne, et montais la colline pour me préparer à une nouvelle journée de saut à la corde.

Nous étions sur le point de commencer quand un ami à moi, Todd, est arrivé du terrain de football américain. Il m'a tapé l'épaule et m'a demandé s'il pouvait me parler, alors nous nous sommes éloignés des filles. Todd et moi étions amis depuis plusieurs années. Nous faisions nos exposés ensemble et nous dormions même l'un chez l'autre. C'était un garçon blanc dans une école à majorité noire, mais bien intégré. On le trouvait cool, et c'était cool qu'on soit amis.

Il m'a raconté que les autres garçons discutaient de moi. Ce n'était pas inhabituel, mais pour que Todd vienne m'en parler, alors les choses étaient graves. Il m'a dit que les autres affirmaient que je voulais être une fille, et plusieurs d'entre eux me traitaient de pédé. Intérieurement, j'étais brûlant. Pas de colère, de peur. J'avais assisté à bien assez d'altercations où des garçons n'étant probablement même pas gays avaient été traités de pédés. À ce genre d'insulte, la réaction devenait instinctive, fuir ou se battre. Mais la fuite était considérée comme un signe de faiblesse et la preuve de votre homosexualité.

Le problème, c'était qu'on m'injuriait de la sorte alors que j'affichais des manières efféminées et que je faisais des activités traditionnellement réservées aux filles. Alors, à mesure qu'on grandissait, il s'agirait pour moi de trouver un équilibre entre ces qualités traditionnellement féminines et ma sécurité. Je savais que le harcèlement ne ferait qu'empirer si je continuais à tomber du côté efféminé.

Je détestais qu'on me traite de pédé. J'en avais une réaction physique chaque fois. Mon corps en sursautait. Je savais que ce n'était pas la première fois que cela arrivait, mais jamais devant moi, alors je faisais la sourde oreille. Mais cette fois, je ne pouvais plus.

Même si j'étais le sujet, ça concernait aussi Todd et ceux qui appréciaient ma compagnie. « Qui se ressemble s'assemble. » Alors quand on m'insultait, on les y mêlait aussi. Aujourd'hui encore, on remet en question la sexualité de mes amis hétéros, simplement parce que nous sommes amis. Les adultes qui jouent le jeu de l'homophobie créent des enfants qui font de même.

L'homophobie interdit le bonheur aux personnes queers. J'imagine qu'il y a un grand nombre de personnes queers qui adoreraient faire du sport ou des activités traditionnellement masculines. Pourtant, elles se retiennent parce qu'elles ont peur d'interagir avec des gens en qui elles ne peuvent avoir confiance. On a très bien fait comprendre que les personnes queers ne sont pas les bienvenues, et ce malgré leur talent. C'est à cause de l'homophobie que tant de sportifs cachent leur sexualité, car il est impossible que le football américain, le base-ball et le basket soient composés de joueurs à 99,9 % hétérosexuels.

Nous avons vu Michael Sam devenir l'un des meilleurs athlètes universitaires, avant d'être diabolisé à cause de sa sexualité. Le refus de la culture dominante à intégrer son identité queer à un sport aussi masculin que le football américain lui a volé la chance de sa vie. Ça n'avait rien d'une histoire de talent. Parfois, on n'a simplement pas la force de continuer d'avancer avec un tel poids sur les épaules. Évoluer dans un monde qui remet en question notre humanité n'est pas une vie. C'est de la survie. Nous méritons tous mieux.

Todd avait une idée pour régler le problème.

« Tu devrais jouer avec nous aujourd'hui. Même si c'est un seul jour, comme ça, ils la boucleront. »

J'aimerais pouvoir dire qu'il y avait autre chose dans ma tête que *Fais tout ce qu'il faut pour que tout se passe bien*. Pour moi, « bien » signifiait qu'on ne parlait pas de moi. J'ai annoncé aux filles que je ne sauterais pas à la corde avec elles ce jour-là.

Le refus de jouer m'a choisi.

Nous sommes descendus jusqu'au terrain où une quinzaine de garçons attendait le début du match. Je les connaissais tous, j'étais ami avec certains, mais pas assez pour être à l'aise. On m'a demandé :

« Est-ce que tu as déjà joué au foot américain, d'abord ?

— Oui, avec mes cousins. »

L'atmosphère était tendue. Je comprenais bien que je cherchais à me faire accepter par ceux qui me retiraient le droit de jouer à mon activité préférée, le saut à la corde.

Mais je supportais mal de ne pas être aimé. J'étais aussi le maigrichon de service et mes cousins, désormais au collège, ne pouvaient plus se battre à ma place. Je faisais ce choix pour assurer ma survie. Même si cela signifiait rejeter ce que j'aimais. Ce sentiment fugace d'être aimé en valait la peine.

Bizarrement, oui, je faisais du sport le week-end. Mes cousins venaient sur ces mêmes terrains et m'apprenaient le basket, le base-ball et surtout, à rattraper un ballon de football américain. Je jouais avec mes cousins parce que c'était amusant et que j'aimais ça, pas parce qu'on me mettait la pression.

Cette circonstance précise était une question de survie. Nous nous sommes mis sur le terrain, j'étais à l'attaque avec sept autres garçons. Pendant le *huddle*[4], le *quarterback* a tracé la stratégie sur le ballon et nous nous sommes séparés.

« *Downnn !* »

Il a regardé à gauche. Puis à droite.

« *Blue 42 !… Blue 42 !*

— À vos marques… PARTEZ ! »

J'ai quitté la formation à la vitesse de l'éclair, en zigzag, c'est-à-dire en courant cinq pas, puis en coupant vers les côtés. On m'a jeté le ballon, je l'ai rattrapé. Ce qui s'est passé ensuite reste un mystère pour moi.

Le premier garçon m'a taclé, mais je ne suis pas tombé. Puis un deuxième et un troisième. Avant que je comprenne, ils étaient trois à essayer de me mettre à terre, mais je refusais de me laisser faire. Ce jour-là, je les ai traînés jusqu'à la zone de but. Peu importait leur poids. Quelque chose en moi était déterminé à

4. Rassemblement des joueurs autour du ballon.

prouver que j'étais aussi fort qu'eux, et meilleur à leur sport. Les autres nous ont regardés d'abord sous le choc, puis emplis d'excitation.

Mon équipe a couru vers moi et nous avons fêté le point très vite. Des « tope-là » et des *checks* pour tout le monde jusqu'à ce que l'autre équipe doive reprendre le ballon. Tout le monde m'avait dit combien j'étais « un dur ». Ça a été l'une des meilleures journées de ma vie à l'école primaire. J'ai compris alors que non seulement j'étais très bon en sport, mais que je pouvais aussi utiliser ce talent pour me protéger du harcèlement.

Le foot et le basket sont devenus mes nouvelles activités. J'ai fini par apprendre à aimer ces sports, toutefois j'ai ressenti une profonde tristesse le jour où j'ai arrêté de sauter à la corde. Enfant, déjà, j'avais compris que la sécurité était plus importante que la satisfaction. Je regardais souvent le sommet de la colline, même alors que je faisais de mon mieux pour m'intégrer aux autres garçons sur les terrains plus bas.

C'était curieux de sentir enfin que je faisais partie des garçons. Les entendre parler des filles, jurer et jouer les gros durs. Ils parlaient de sexe, bien qu'ils soient tous vierges. Avant ce moment, j'avais eu quelques amis garçons, mais des amitiés surtout basées sur mes bonnes notes et mes remarques mordantes, les *shade*, qui les faisaient marrer avant même que le terme *shade* existe. Désormais, j'avais une vraie raison de me faire apprécier.

On ne me choisissait jamais en premier dans l'équipe, mais jamais en dernier non plus. C'était important pour moi. Ça voulait dire qu'on voyait au-delà de ma féminité, ce qui était un soulagement, même fugace. À l'époque, elle signifiait qu'on était nul au sport qui se jouait sur le moment ou qu'on ne vous trouvait pas assez « viril », du moins aussi viril qu'un garçon devrait l'être. Quel culot de la part de la société d'intégrer de la « virilité » dans la vie d'un enfant !

Faire avec, je m'y suis résigné pendant des années. Mais au bout du compte, plutôt que de choisir le football américain, je suis tombé amoureux de l'athlétisme. C'est un sport qui n'exigeait pas beaucoup de masculinité et j'aimais vraiment courir. Au collège, je me suis beaucoup impliqué dans l'athlétisme. Nous n'avions pas d'équipe officielle, toutefois, chaque année, il y avait un grand rassemblement d'athlétisme de tous les collèges. Les profs de sport avaient le droit d'y envoyer les meilleurs élèves et j'ai été sélectionné les deux années.

J'ai fait partie de l'équipe titulaire au cours de mes trois dernières années de lycée. J'étais le coureur de haies principal et, en terminale, c'est moi qui ai gagné le plus de points. J'en étais fier. Une fois, mon temps a même été imprimé dans le journal.

Tout cela n'était que de l'évitement, mais un évitement nécessaire. Parfois, je me servais du sport comme d'un bouclier contre les conversations familiales sur le sujet tabou. Au lieu de me demander si je sortais avec quelqu'un, on m'interrogeait sur mes résultats d'athlétisme. Un sujet bien plus facile à gérer pour moi.

Trouver le bonheur, c'est important. Parfois, ça exige de dépasser ses propres limites. Bien que j'aie découvert le sport parce qu'il s'agissait d'une question de survie, ça m'a ouvert les yeux sur des peurs que je réprimais probablement. Ce n'était pas tant que je détestais le sport, plutôt que je craignais d'interagir avec des gens avec qui je ne me sentais pas à l'aise. Raison pour laquelle je pouvais adorer les jeux vidéo de sport, mais pas en faire pour de vrai. L'athlétisme m'a aidé à comprendre que je pouvais faire un sport, rester en sécurité et être moi-même.

Aujourd'hui adulte, queer et noir, j'essuie des taquineries sur mon amour du sport. Une blague récurrente, c'est qu'être gay signifie détester ça, un mensonge la plupart du temps. Je n'ai pas à être confiné dans une case qui me force à choisir l'un ou l'autre. Ça ne ferait que récompenser l'homophobie. J'ai le droit d'être bon au football américain et au saut à la corde. Et je le suis toujours. Mais plus important, je ne suis plus lié de force à l'un ou à l'autre. Ne le soyez pas non plus.

CHAPITRE 5

« HONEST ABE[1] » M'A MENTI

De la maternelle à la sixième, je suis allé à F.W. Cook, une école qui surplombe Plainfield. Une longue voie y conduisait, que nous devions remonter à pied. Chaque hiver, les élèves plantaient des tulipes tout le long, afin de les voir fleurir au printemps. Malgré ce traumatisme précoce à la maternelle, j'ai de bons souvenirs de ces années. Je me rappelle le chant de l'école comme si c'était hier :

> *« Here nestled in the woodside,*
> *Its tower gleaming bright,*
> *There's a schoolhouse quaint and charming*
> *where we learn what is right,*
> *and when our childhood's over,*
> *we'll work with rule or book,*

1. Littéralement « Abe l'honnête », surnom d'Abraham Lincoln.

our thoughts will drift to happy days,
we spent at Frederick Cook[2] *! »*

Cette école était un passage obligatoire dans ma famille et un foyer pour nous tous. Les Elder et les Johnson ? Nous dominions la cour de récré. Du moins, nous en avions l'impression. Rall, Rasul, mon petit frère et moi y sommes tous allés sur des années se chevauchant. Il y avait aussi mes cousins Rick et Bernard, et d'autres qui étaient passés par la garderie de Nanny à un moment ou un autre. (Elle s'occupait toujours des enfants des autres.) Nous formions une unité et nous agissions comme telle. On nous apprenait que la famille protège la famille, et c'était ce que nous faisions.

Je me rappelle que des affiches de figures historiques décoraient les couloirs. George Washington, Albert Einstein, Tom Jefferson et Benjamin Franklin ont tous formé une part importante de notre éducation. Nous apprenions qui étaient les plus grands esprits et leaders de notre pays.

Mon école avait beau être constituée d'élèves noirs pour la plupart, il n'y avait que quelques visages noirs

---

2. « Nichée au creux du bois
Avec sa tour qui brille de mille feux,
Se trouve une école charmante et jolie
Où l'on apprend les règles de la vie,
Et quand notre enfance sera finie,
Que nous travaillerons avec ces règles ou ces livres,
Nous songerons aux jours heureux
Où nous étions à Frederick Cook ! »

dans les couloirs, tels que Martin Luther King Jr., Harriet Stockmann et Rosa Parks, tous séparés par une figure historique blanche. Je me souviens que pour moi, les « bonnes » personnalités blanches et noires étaient pareilles. On parlait de Jefferson et Washington en glosant le fait qu'ils avaient possédé des esclaves, alors que Robert E. Lee était dépeint d'une tout autre manière pour les mêmes raisons. L'histoire a un drôle de pinceau.

Alors qu'on nous apprenait à vénérer Abraham Lincoln qui nous avait libérés du joug de l'esclavage, je ne me suis pas demandé une seule fois pourquoi un siècle plus tard, Martin Luther King Jr. se battait encore pour nos droits civiques.

Bien que nous nous concentrions bien plus sur les visages blancs et lointains de l'histoire américaine, il y avait toujours un moment de l'année dédié à nous autres, les élèves noirs. Je me rappelle que les quelques élèves blancs semblaient toujours un peu incongrus le 1er février. C'était comme si on avait inversé les rôles, pour une fois, et que nous nous trouvions sous le feu des projecteurs.

L'éducation à mon école primaire reflétait bien d'autres systèmes qui oppriment la communauté noire, avec des enseignants en majorité blancs. Du directeur au conseiller d'orientation, nous étions entourés de figures d'autorité blanches. Il y avait très peu de professeurs noirs. Par contre, le personnel d'entretien, les dames de la cantine et du secrétariat étaient tous noirs, ce qui n'aurait pas posé de problème s'il y en avait aussi eu en position d'autorité. Bien sûr, il n'y a rien de mal à faire ce type de travail, mais ça aurait été encore mieux que les professeurs et le personnel d'administration aient également été noirs. Le fait d'être « sous le feu des projecteurs » signifiait que pour une fois, on nous parlait de gens qui me ressemblaient.

Le 31 janvier, les couloirs étaient un mélange de l'histoire américaine, y compris quelques visages noirs que tout le monde devrait connaître. À notre arrivée à l'école le 1er février, on aurait dit que nos ancêtres étaient passés dans la nuit et avaient transformé les couloirs en un hommage à l'histoire noire. Vous savez, ce sentiment quand il n'y a rien sous le sapin la veille de Noël et que le matin du 25, au réveil, il est entouré d'une montagne de cadeaux ? Pour nous, c'était ça, le Black History Month[3]. Vingt-huit jours (parfois vingt-neuf) de Noël de suite.

Le mois de l'histoire noire, c'était la joie noire. Tout comme la plupart des autres élèves, j'étais si fier d'en apprendre plus au sujet de mon histoire. Un jour, nous avons dû parler d'une personnalité historique noire. J'ai choisi Malcolm X. Il fallait alors découper un sac en papier brun et s'en faire un gilet. Dessus, nous avons écrit des mots et des phrases au sujet de cette personnalité, tels que des dates importantes et des

---

3. Mois de l'histoire noire, célébration qui trouve son origine aux États-Unis et qui se déroule au mois de février.

détails de leur biographie. Puis, devant la classe, nous avons présenté notre « héros noir ».

Ça me donnait l'impression qu'un jour, je pourrais être quelqu'un que le monde connaîtrait, sans savoir ce qui me ferait connaître. Quand j'y réfléchis, j'ai toujours eu ce sentiment en moi que je serais quelqu'un. Pas seulement un banquier ou un juriste, mais quelqu'un que tout le monde connaîtrait. C'est un rappel important sur la nécessité que les enfants noirs se retrouvent dans les sujets qu'ils apprennent et ceux qui les leur enseignent. Parfois, on ne sait pas qu'on existe avant de découvrir que quelqu'un comme soi a existé avant.

Mais en primaire, je n'ai connu que des enseignants blancs. Les seuls enseignants noirs, Mme Chiles et M. Robinson, avaient la réputation de récupérer les « mauvais élèves ». Bizarrement, on n'y trouvait que des enfants noirs. En quelque sorte, on m'a appris à me séparer des miens, tout comme on apprend aux enfants hétérosexuels à ne pas fréquenter les gens tels que moi. Il existe différents niveaux d'oppression.

Le Black History Month avait toujours un parfum doux-amer, car il repartait aussi vite qu'il était arrivé. On ne résumait pas l'histoire blanche en un mois, on l'apprenait constamment. Et parce que nous n'avions qu'un seul enseignant pour plusieurs sujets, nous avions histoire tous les jours, en majorité focalisée sur tout ce que les ancêtres blancs ont accompli pour créer les États-Unis. Je me souviens que j'étais tout aussi enthousiaste au sujet de l'histoire blanche, car à l'époque, j'avais l'impression que c'était aussi la mienne.

Elle l'était, mais pas telle qu'on me l'a apprise.

Quand j'étais en CE2, l'école a décidé de mettre en scène une pièce de théâtre. Ça s'appelait quelque chose comme *Cette terre est la tienne*. L'idée était de faire de tous les élèves des figures historiques pour montrer l'unité entre différentes races. Une chance pour moi, mon identité queer me faisait passer pour un théâtreux. J'ai obtenu le rôle principal, Abraham Lincoln. Moi, un enfant noir, qui jouait le seizième président des États-Unis, celui qui avait libéré mon peuple ! C'était merveilleux et tous mes amis ressentaient autant d'excitation que moi.

À notre école, le gymnase servait aussi d'auditorium. Il avait le parquet typique des terrains de basket, avec des gradins au fond. On l'utilisait lors des cérémonies de remise de prix et des concours d'orthographe. Ce jour-là, le gymnase devint ma scène. On avait installé des chaises partout pour les nombreux spectateurs. Le spectacle allait commencer. J'étais nerveux, mais je connaissais mon texte et j'étais prêt à le réciter.

La pièce débutait par une représentation de *Thanksgiving*. À l'époque, on nous apprenait que tout le monde s'entendait bien, y compris les Premières Nations et les Pères pèlerins. Le souvenir d'un poster affiché au mur au moment de *Thanksgiving* est gravé dans ma mémoire. Il montrait des natifs américains qui partageaient un repas avec les Pères pèlerins, le premier *Thanksgiving*.

inspiration

Ce qu'on ne montre pas, c'est que ces pèlerins ont volé cette nourriture à leur arrivée sur le *Mayflower*, parce qu'ils n'étaient pas préparés pour l'hiver. Et les maladies apportées par les colons blancs ont tué de nombreux natifs américains. La « paix » a souvent été une tactique de survie.

expiration

L'histoire américaine est vraiment la plus grande des affabulations.

Puis la pièce est passée très vite à la guerre d'indépendance et à la création des États-Unis. Les enfants noirs et blancs déguisés en Washington, Franklin, Jefferson et d'autres ont prononcé leur discours. Il y a eu une reconstitution de la signature de la déclaration d'indépendance et de la constitution.

Enfin, à la fin du spectacle, je devais venir au centre et réciter une partie de la proclamation d'émancipation, alors que la pièce n'avait pas une seule fois abordé le sujet de l'esclavage. Je portais une veste décorée de paillettes rouges, blanches et bleues, un chapeau haut de forme en feutre et une fausse barbe, ainsi que des bretelles. J'étais la représentation parfaite des États-Unis. Lorsque j'ai terminé, nous nous sommes tous rassemblés pour réciter un poème en chœur.

Je me rappelle combien j'étais heureux, à cet instant. Si fier d'avoir joué l'homme qui en avait plus fait pour mon peuple que n'importe quelle autre figure des droits civiques, n'importe quel président. Croyant que son assassinat était en partie dû à sa décision de libérer tous les esclaves, ce qui m'avait permis plus de cent quarante ans plus tard de côtoyer des élèves et des enseignants blancs.

Avant, je défendais Abraham Lincoln. Je me souviens que la maîtresse nous avait montré une pièce de vingt-cinq centimes, de cinq centimes et d'un centime. Sur les trois premières, tous les présidents regardent à gauche, alors que sur celle d'un centime, Lincoln regarde à droite.

Comme s'ils lui tournaient le dos.

On l'avait représenté sur la pièce ayant le moins de valeur et la seule de couleur, le cuivre. On m'a vendu Abraham Lincoln comme étant un homme qui se souciait vraiment du peuple noir. Je ne me souviens pas d'un seul élève noir à l'époque qui n'avait pas pour lui le plus grand respect.

En CM1, on apprenait toujours l'histoire américaine. À un moment, on nous a demandé de faire des recherches sur Paul Revere. Celui-ci était connu pour avoir prévenu ses compagnons colons de l'approche des troupes anglaises, ce qui sonnerait le début de la révolution américaine. Notre professeur nous a donné comme instructions de former des groupes et d'inventer un poème qui raconterait cet évènement.

Les membres de mon groupe ne se doutaient pas qu'à l'époque, je faisais secrètement du rap. C'est l'heure de l'histoire ! Je vous avais prévenu que ce livre en était rempli, non ? Oncle Rall, le frère de ma mère, était un vrai rappeur, lui. On l'appelait Raw Stree Poet Rap Rall Supreme. Il ressemblait beaucoup à Rakim (cherchez qui il est si vous en avez besoin, mais sachez en tout cas qu'il s'agit d'un dieu du hip-hop). Nous l'accompagnions dans le New Jersey à ses concerts et ses évènements. Il a même tourné un clip, une fois. Mes cousins Rall et Rasul savaient vraiment rapper aussi. On pourrait dire que c'était écrit dans notre ADN.

Alors au lieu d'écrire un poème, j'ai fait rapper les membres de mon groupe. J'ai écrit toutes les paroles et je leur ai appris à trouver le flow. Il y avait deux garçons blancs et je me souviens qu'ils avaient du mal, mais avec l'aide d'un autre élève noir, nous les avons mis à niveau. Une fois devant la classe, mon ami a fait la *beatbox*. J'ai commencé, puisque c'était moi qui l'avais écrit : « *Listen up closely and you will hear, the meaning of the story of Paul Revere*[4]. » Nous avions tous un couplet, et nous avons rappé en chœur au moment du refrain. Tout le monde a applaudi. Ce rap était si bon que le lendemain, notre professeure nous l'a fait

4. « Écoutez bien et vous entendrez, l'histoire de Paul Revere et ce qu'elle a signifié. »

chanter de classe en classe dans toute l'école. Encore une fois, à l'époque, c'était facile de rendre hommage aux figures historiques blanches, car nous apprenions leur histoire sous un angle donnant l'illusion qu'ils se souciaient de nous tous.

Ce qu'il y a d'intéressant, quand on étudie l'histoire, c'est à quel point elle change selon l'école et la personne qui l'enseigne. Et ce n'est pas toujours en fonction du point de vue qu'a le professeur sur l'histoire, mais de celui qu'il a sur vous. Et la place que vous y tenez.

L'histoire que j'ai apprise a commencé à s'effondrer lorsque je suis arrivé au collège. Là-bas, tous mes enseignants étaient noirs, tout comme la majorité du corps étudiant. Nous avons commencé à aborder l'esclavage, ainsi que des figures historiques telles que Washington et Jefferson, dont l'histoire personnelle n'était pas si glorieuse. Nos professeurs voulaient que nous sachions vraiment ce que signifiait être noir en Amérique. C'était le collège Ronald H. Brown of Global Issue.

En 1992, Ronald Brown était président du comité national démocrate. Il a joué un rôle prépondérant dans la première élection de Bill Clinton. Grâce à cela, il avait été nommé secrétaire au Commerce, le premier Africain-Américain à obtenir ce poste. Il est important de le dire, car la communauté blanche a longtemps bloqué la progression des Noirs sur tous les plans. Même aujourd'hui, les institutions voient encore arriver « la première personne noire à… ». Ce n'est pas anodin.

La victoire d'Halle Berry à l'oscar de la meilleure actrice, toujours la seule femme noire dans son cas, n'avait rien d'anodin. Lorsque Hattie McDaniel est devenue la première femme noire à gagner l'oscar de la meilleure actrice de second rôle, on a vu ça comme un progrès. Pourtant il lui a fallu une autorisation spéciale pour le recevoir, car le lieu où se déroulait la cérémonie adhérait aux règles de la ségrégation des lois Jim Crow. Quand Obama est devenu le premier président noir, deux cent dix-neuf ans après le premier président blanc, George Washington, un esclavagiste, ou cent quarante-cinq ans après la signature de la proclamation d'émancipation par Abraham Lincoln, ça n'avait rien d'anodin non plus. Les symboles donnent de l'espoir aux gens. Mais j'ai appris qu'ils sont une menace au véritable changement. C'est l'occasion pour les puissants de dire : « Regardez tout le chemin que vous avez parcouru ! » plutôt que : « Regardez tout ce temps où nous vous avons bloqué la voie ! »

Malheureusement, Ron Brown a perdu la vie trop tôt et de façon tragique, lors d'un déplacement officiel en avril 1996. L'avion qui le transportait ainsi que trente-deux autres personnes s'est écrasé sur un flanc de montagne en Croatie. En son honneur, ma ville a inauguré une école à son nom. C'était le moins qu'on puisse faire pour un « premier Noir à… » qui serait oublié un jour. Même s'il s'agissait d'un collège public, les élèves devaient présenter un dossier. C'était important pour eux d'être inscrit à cette école, tout comme pour les professeurs qui y enseignaient. L'objectif était de créer de futurs leaders tels que Ron.

Le corps administratif ne voulait pas faire d'erreurs. On passait beaucoup moins de temps sur l'histoire américaine blanche, au profit de l'histoire africaine-américaine. On nous a enseigné l'esclavage, mais pas la version abrégée parallèle à la guerre de Sécession. Nous avons appris ce que notre peuple avait vraiment vécu et en quoi ces épreuves continuent de jouer un rôle dans la société actuelle.

Nous avons appris qu'Abraham Lincoln n'était pas le grand homme qu'on prétendait. On nous a parlé de la proclamation d'émancipation, mais on nous a aussi lu certaines de ses déclarations, celles qu'on ne trouve pas dans les livres d'histoire. Celles qui dénigraient les Noirs-Américains et le combat pour l'égalité. Ces déclarations expliquaient pourquoi un siècle plus tard, nous avions besoin de Martin Luther King Jr., de Malcolm X, de Medgar Evers et de tous les autres activistes noirs. Car libérer les esclaves ne nous a pas réellement libérés.

Nous avons appris que Lincoln avait eu bien des réflexions qu'on ne retrouvait jamais dans les livres d'histoire. Pour citer Kandi de *The Real*

Housewives of Atlanta : « MENSONGES, MENSONGES, MENSONGES ! »

➤ « Mon objectif principal dans cette lutte est bien de sauver l'Union. Il n'est ni de sauver ni de supprimer l'esclavage. Si je pouvais sauver l'Union sans libérer un seul esclave, je le ferais, et je les libérerais tous si cela le sauvait. Et si je pouvais en libérer certains seulement, je le ferais aussi. »

➤ « J'ajouterais qu'il existe une différence physique entre les races noires et blanches qui, j'en suis convaincu, les empêchera à jamais de vivre en égaux sur le plan social et politique. »

➤ « Attendu qu'elles ne puissent vivre ainsi, et tant qu'elles restent jointes, il doit exister une position supérieure et inférieure. Et moi, comme tout autre homme, je soutiens que la race blanche soit en position supérieure. »

➤ « Je dirais alors que je ne souhaite pas, ni n'ai jamais souhaité, apporter l'égalité politique et sociale entre les races noires et blanches. »

➤ « Je n'ai pas l'objectif, ni direct ni indirect, d'intervenir au sujet de l'institution de l'esclavage dans les états où elle existe. À mon sens, je n'en ai ni le droit légal ni le désir. »

Le collège a été une période intéressante pour moi, car tout en réprimant mon identité queer aussi fort que possible, j'ai épousé mon identité noire. Une identité qui me rendait plus radical et plus désireux de lutter contre le blanchiment de l'histoire noire.

Il y avait une lutte constante dans ce genre de vie double. Pour que je sois noir et présent entièrement, j'avais toujours l'impression de devoir me forcer à être hétéro. Je portais mon masque, regorgeant de sourires et de rires pour cacher mes larmes. Un masque que bien des personnes noires ont porté.

> « *We wear the mask that grins and lies,*
> *It hides our cheeks and shades our eyes, –*
> *This debt we pay to human guile ;*
> *With torn and bleeding hearts we smile,*
> *And mouth with myriad subtleties*[5]. »

Les mots de Paul Laurence Dunbar s'adressaient directement à mon âme. C'est un autre de ces héros qui brillent durant le Black History Month. Je me demande si ceux qui nous l'enseignent en littérature savent combien de leurs élèves le vivent.

5. « Nous portons ce masque qui sourit et qui ment,
Il cache nos joues et voile nos yeux, –
Cette dette que nous payons à la malice humaine ;
Avec le cœur déchiré, en sang, nous sourions,
Et la bouche aux mille nuances. [...] »
We Wear the Mask, de Paul Laurence Dunbar, 1895.

Quand j'ai quitté le collège, j'avais un tout nouveau regard sur l'histoire et la race noire dans ce pays. Alors que je n'avais que 14 ans, j'étais bien conscient de ce que signifiait être un « homme » noir aux yeux de la société. Je voyais bien combien l'agression de Rodney King avait été raciste. Ou combien le monde était divisé au sujet de l'acquittement d'O. J. Simpson, que de nombreux membres de la communauté noire voyaient comme une victoire contre un système judiciaire qui laissait rarement, sinon jamais, un homme noir s'en sortir. Surtout quand il est accusé d'avoir tué une femme blanche. L'affaire Abner Louima s'est déroulée à New York et faisait quotidiennement les gros titres là où je vivais. Quatre policiers l'avaient agressé et sodomisé avec le manche d'une ventouse. Même adolescent, je savais combien la vie pouvait être dure pour un garçon noir qui devenait un homme noir.

Bien que mon père soit policier, il savait qu'être son fils ne me protégerait pas de cette institution. Alors mes parents m'ont appris très vite comment me comporter pour ne pas devenir un fait-divers. « La discussion », disons-nous dans les familles noires. Pas au sujet de la reproduction, mais des dangers d'interagir avec des personnes non noires, car elles attendront le pire des garçons noirs.

Ma mère nous a toujours élevés dans une dynamique pro-noire, ce qui inquiétait les autres membres de notre famille. Pas parce qu'ils craignaient que nous devenions les prochains Angela Davis[6] ou Huey P. Newton[7], mais que nous soyons trop jeunes pour entendre des vérités aussi violentes. Je regrette qu'il n'y ait pas plus de parents qui en parlent, au moins d'un point de vue historique, qui s'assurent que les enfants noirs lisent de la littérature noire et connaissent leur héritage en profondeur. Car une chose est sûre, on ne nous l'apprend pas à l'école.

Je me souviens de ma mère disant : « Mes enfants connaîtront leur histoire. On ne peut pas faire confiance aux Blancs pour l'enseigner. » Je n'ai jamais senti qu'elle reniait notre éducation traditionnelle, je crois qu'elle savait qu'elle ne suffisait pas. Mon père, qui travaillait avec une force de police en majorité blanche, abondait dans son sens.

Dans les histoires que Nanny nous racontait, ma préférée était celle de Big Nanny, sa grand-mère. Une nuit, le Ku Klux Klan était venu à sa porte pour les effrayer, sa famille et elle. Big Nanny avait sorti son pistolet. Nanny m'a toujours dit que sa grand-mère savait qui se trouvait sous les capuches, car elle voyait leurs chaussures. Elle les avait nettoyées ce jour-là : c'était l'un des hommes blancs chez qui elle travaillait comme domestique.

---

6. Militante, écrivaine et professeure de philosophie africaine-américaine, membre du Black Panther Party.
7. Homme politique, théoricien et écrivain africain-américain, cofondateur du Black Panther Party.

Quand on a ce sang qui coule dans vos veines, on apprend qu'affronter la peur fait partie de votre ADN. À mon arrivée au lycée, j'aurais besoin de tout cela et de plus encore.

D'un jour à l'autre, je suis passé de majorité de la population à minorité. Je faisais partie du quota noir du lycée Bishop George Ahr, à Edison, dans le New Jersey, un lycée catholique à majorité blanche et philippine. Ce changement s'est opéré parce que je suis passé d'une école publique à une école privée. Et non seulement il fallait avoir d'excellentes notes pour l'intégrer, mais aussi un excellent compte en banque. Le racisme était monnaie courante à mon lycée, mais de façon sous-jacente. On ne m'a jamais traité de nègre, toutefois j'ai supporté d'étranges questions lourdes de sous-entendus raciaux :

« T'es de la banlieue ? »

« Ta famille vit dans le ghetto ? »

« C'est tes vrais cheveux ? Je peux les toucher ? »

« Microagression » est le terme académique définissant ce que je vivais. Pour faire simple, c'est lorsque quelqu'un vous insulte ou vous rabaisse parce que vous faites partie d'un groupe marginalisé. On dit « micro » parce que cette personne ne vous traite pas directement de n**** ou de p*** ou les deux. Non, elle souligne vos différences de façon discrète. Parfois, ça peut sembler presque innocent, naïf, mais ne vous y trompez pas : avec le temps, ces détails s'empilent. Ces petits préjugés finissent par créer tout un stéréotype. Ce genre de comportement microagressif mène souvent à un racisme ouvert ou à de l'homophobie.

Il arrive que ce soit intentionnel, comme les enfants non noirs qui vous posent des questions à sous-entendu négatif ou condescendant pour vous déstabiliser. D'autres fois, cette personne ne sait même pas qu'elle vous a insulté vous ou votre culture. N'oubliez pas : dans tous les cas, l'impact compte plus que l'intention. Si quelqu'un pose une question et que vous devez plisser les yeux et grimacer pour être certain de l'avoir bien entendue, alors il s'agit sans doute d'une microagression.

Ma pire expérience à ce sujet est arrivée quand j'étais en seconde. Nous étions en cours d'histoire américaine et nous discutions des thèmes habituels : Washington, Jefferson et désormais l'esclavage, car même lorsque mon lycée décidait d'enseigner l'histoire noire en dehors du Black History Month, on ne sortait pas de ce sujet. Comme une machine bien huilée, nous passions de l'esclavage à l'émancipation, au mouvement des droits des femmes, au mouvement des droits civiques jusqu'au refrain final : « Regardez tout le chemin que vous avez parcouru ! » La différence, c'était que j'avais presque 16 ans et j'avais des questions. Lorsque le professeur s'est mis à décrire l'esclavage, il a parlé d'un « acte de son temps ». Ça m'a posé problème.

Quand on discute de racisme, d'homophobie et tout ce dont ils essaient de s'absoudre, les gens se servent beaucoup de cette excuse, « c'était normal à l'époque ». Dire que c'était « normal à l'époque », c'est une façon de ne pas en gérer les conséquences dans le présent. Une façon d'effacer le fait que la haine ne s'arrête pas parce qu'une loi ou le temps sont passés. Les gens se servent de cette excuse, car ils refusent souvent d'accepter qu'ils soient eux-mêmes empreints de phobies et de -ismes, ou au moins qu'ils profitent des structures sociales qui les privilégient.

Ce commentaire n'était pas différent et voilà que je l'entendais dans ma classe. Ma classe à moi ! Au lycée, j'étais toujours aussi impertinent et arrêté sur mes idées. Mes amis et mes camarades m'ont regardé pour que j'exprime ce qu'ils craignaient d'exprimer eux-mêmes.

J'ai poussé mon professeur dans ses retranchements. Pourquoi trouvait-il suffisant de dire que l'esclavage était « un acte de son temps » ? Pourquoi ne voyait-il pas que des gens, des Blancs, avaient choisi de réduire une autre race en esclavage ? Il y avait eu des abolitionnistes capables de voir que c'était mal, des Quakers capables de voir que c'était mal, alors pourquoi tous les Blancs n'avaient pas eu la même opinion ?

Il a encore répondu par :

« À l'époque, il y avait beaucoup de choses qui ne seraient pas acceptées aujourd'hui. Si j'avais vécu alors, j'aurais probablement eu des esclaves, moi aussi. »

Il y a eu un silence de mort.

Même les enfants blancs étaient choqués. Ce n'était pas tant ce qu'il avait dit que la façon dont il l'avait dit. Avec détachement. Je me souviens que j'ai eu chaud. Je brûlais de colère. Quand je suis vraiment furieux, je pleure, et je sentais arriver les larmes.

Heureusement, une amie a exprimé sa désapprobation la première, mais c'était comme s'il ne l'avait pas entendue.

J'ai enfin suffisamment repris mon sang-froid pour répondre :

« C'est inacceptable. C'est inacceptable que vous, un professeur, vous disiez que vous auriez eu des esclaves. »

Il a continué l'échange sur cette lancée avant de mettre un terme à la conversation par : « Passons à autre chose. »

Au lycée catholique, j'avais rarement peur de m'exprimer. Et je ne sais franchement pas pourquoi, sinon cette impression que si je ne disais rien, qui le ferait ? Il s'agissait peut-être en partie de rébellion adolescente, mais c'était plus probablement les premiers balbutiements du militant que je suis aujourd'hui. Quand on me demande comment je suis devenu militant, je réponds souvent : « La toute première personne pour qui on milite, c'est soi-même. » Si je ne me défendais pas, qui le ferait à ma place ? En retour, ce jour-là, je suis devenu notre voix à tous.

Cet environnement était très différent de mon collège public, où on se battait et où les élèves répondaient aux professeurs qui eux-mêmes ne craignaient pas le débat. À mon lycée catholique, les enseignants exigeaient de la politesse et si quoi que ce soit les « effrayait » dans la classe, ils appelaient la sécurité sans hésiter. Pas étonnant que tant d'enfants de couleur et queers ont l'impression de ne pas pouvoir parler pour eux-mêmes. Ce double standard s'appelle « l'autoroute de l'école à la prison », de nos jours. Il souligne que les enfants noirs sont punis plus durement que les enfants blancs pour les mêmes infractions. À l'époque, c'était la routine. Il va sans dire que lorsque les enfants blancs s'exprimaient, ce n'était pas menaçant. Par contre, quand c'était le tour des enfants noirs…

Il y a de bonnes raisons de ne pas s'exprimer, que ce soit pour des raisons de sécurité ou parce que lorsqu'un enfant de couleur remet en question un professeur ou une personne en position d'autorité blanche, on considère que c'est de l'insolence. Mais il est important de savoir que si quelque chose vous dérange à ce point, vous avez le droit de protester. Il n'y a que vous qui savez jusqu'où vous pouvez aller pour vous défendre.

Quand je dis que Honest Abe m'a menti, j'entends par là que l'histoire que j'adorais enfant n'était pas vraie. On m'a fait croire que Lincoln, et bien d'autres figures historiques blanches, n'ont eu que peu, voire aucun rôle dans l'oppression que le peuple noir a subie pendant des siècles. Quand les médias utilisent le terme histoire alternative, c'est en lien direct avec ce que l'Amérique a toujours été.

Tout ce que je savais de l'histoire blanche enfant a été réfuté une fois que je suis devenu jeune adulte. Ce qui me reste de cette transformation, c'est le réflexe de remettre en question tout ce qui a une faille. Si une histoire semble illogique, n'hésitez pas à poser les questions difficiles. Si ceux qui transmettent l'information refusent de vous donner la réponse, alors faites les recherches vous-même.

Chaque fois que je subis quelque chose, je cherche lequel de mes ancêtres en a déjà parlé. Je ne suis pas leur parole à la lettre, mais je sais que je me trouve dans une bien meilleure position quand je connais leur travail. Je me sers de mon histoire comme d'un outil pour lutter contre ma marginalisation.

Le meilleur outil contre l'oppression de votre identité noire et queer ou de toute autre identité, c'est d'être parfaitement éduqué à son sujet.

La connaissance est votre arme la plus aiguisée dans un monde déterminé à vous raconter des histoires.

Honest Abe vous a menti.

Moi, je vous dirai la vérité.

CHAPITRE 6

ON NE PEUT PAS NAGER EN BOTTES DE COW-BOY

Quand j'étais enfant, le dernier jour d'école était le meilleur de l'année, à l'exception de mon anniversaire et de Noël. Fini les devoirs, fini les levers tôt, plus de contrôle ni de stress. Il ne restait plus qu'à s'amuser. Bien sûr, parce que ça reste l'école, on avait plusieurs livres à lire pendant l'été, ce que je ne faisais que la dernière semaine des vacances.

Puisque mes parents travaillaient et que, préadolescent, je n'étais pas encore assez âgé pour rester seul à la maison avec Garrett, ils nous inscrivaient à un centre aéré où on s'ennuyait à mourir. Ce n'était pas tant la faute des moniteurs que des activités. On faisait de la lecture, des arts plastiques et tous les vendredis, nous allions soit au zoo, soit à l'aquarium. Peut-être même que ce n'étaient pas les activités qui nous ennuyaient. Peut-être que le problème, c'était que nous venions de vivre neuf mois dans une structure rigide et nous n'avions pas envie de recommencer.

Cette inscription durait la moitié de l'été. Le reste du temps, nous étions à nouveau sous la responsabilité de Nanny. À cette époque, Rall et Rasul avaient atteint l'adolescence, alors on ne les voyait pas beaucoup. Ils avaient des petits boulots, des petites amies et trop à faire pour se soucier de Garrett et moi.

Toutefois, tous les ans, Nanny emmenait ses petits-enfants en vacances. Une semaine loin du New Jersey et de nos parents. Rien que ses petits-enfants et elle, par monts et par vaux en avion, en train ou en voiture. Ces voyages me manquent beaucoup. Je ne les appréciais vraiment pas à leur juste valeur.

Quand j'y pense, le voyage en Californie a été mon préféré. Pour la plupart d'entre nous, c'était la première fois que nous prenions l'avion. Le vol avait semblé durer une éternité, alors qu'il ne s'était écoulé que six heures. Nous avons pu changer de siège, regarder les nuages par les hublots et agacer les autres passagers. Nous allions rendre visite à ma tante Audrey, qui était aussi ma marraine et celle de Garrett.

Un souvenir très net de la Californie, c'est un moment dans la piscine de ma tante. Ma cousine Cierra, la demi-sœur de Rall et Rasul, nous avait accompagnés. Un après-midi, nous étions tous dans la piscine. Elle avait beau avoir des bouées, quelque chose l'a fait paniquer et elle a cru qu'elle se noyait.

Little Rall l'a rejointe pour l'aider. Alors qu'il essayait de la calmer, elle a continué à se débattre, à tel point qu'il avait lui aussi du mal à garder la tête hors de l'eau. Rasul et moi nous en sommes rendu compte ; nous avons nagé jusqu'au milieu de la piscine et nous les avons chacun poussés vers le bord.

Avant de commencer à écrire ce livre, ce souvenir m'amusait. Aujourd'hui, je prends conscience qu'il est probablement à l'origine de ma peur de l'eau. Après cette journée, lorsque j'allais à des après-midi piscine, je me baignais rarement, ou je restais là où j'avais pied, loin de ceux qui savaient nager.

Ces vacances en Californie demeurent l'un de mes meilleurs souvenirs, car c'est là où mon véritable lien avec Nanny s'est créé. Elle a décidé qu'elle nous achèterait à tous des nouvelles baskets avant notre journée à Disneyland le lendemain. C'était l'été 1992-1993, Cross Colours était la marque la plus populaire. Tout le monde en voulait. Sauf moi.

Au magasin de chaussures, mes cousins s'étaient tous décidés pour les nouvelles Cross Colours. Quand Nanny m'a demandé ce que j'avais choisi, je lui ai répondu que je ne voulais pas de baskets.

« Alors qu'est-ce que tu veux ?

— Des bottes de cow-boy. »

Mes cousins m'ont regardé comme s'il m'était poussé un troisième œil. Mais Nanny n'a pas cillé. Elle a attendu et jaugé la scène. Tante Audrey a dit :

« Matt, tu es sûr de vouloir des bottes de cow-boy ? »

J'ai répété :

« Oui, je veux des bottes de cow-boy. »

À ce stade, mes cousins ont essayé de me sauver de moi-même. Ils ont tous sorti leurs nouvelles Cross Colours et me les ont montrées de près.

« Mais Matt, ce sont les baskets les plus classes. On sera assortis ! »

Ils me suppliaient presque. Ne vous méprenez pas, les baskets me plaisaient, mais j'avais envie de bottes de cow-boy.

Je commençais à m'énerver, car j'avais l'impression que personne ne m'écoutait.

« Je ne veux pas de baskets, je veux des bottes de cow-boy. »

J'étais au bord des larmes. Comme je l'ai fait remarquer, quand la rage monte en moi, je pleure. Mais Nanny s'en est rendu compte et sans hésitation, elle a dit :

« Si Matt veut des bottes de cow-boy, alors il aura des bottes de cow-boy. Audrey, emmène-nous là où on en trouvera. »

J'ai tout de suite souri. Nanny m'a souri à son tour. De temps en temps, ils arrivaient à m'en arracher un. Et nous sommes partis en quête de bottes de cow-boy.

La boutique était l'un de ces magasins sur le thème du western. Une chose est sûre, il n'y avait pas d'autres Noirs à l'intérieur. Mes cousins n'arrivaient pas à y croire, mais mon visage s'est éclairé dès que je suis entré. J'ai jeté un coup d'œil autour de moi et je les ai trouvées : des bottes noires à bout argenté, brodées de blanc.

« Je veux celles-ci ! »

Je n'avais jamais rien vu d'aussi beau. Le bout argenté était si brillant qu'on voyait son reflet dedans. Elles étaient décalées, mais elles me correspondaient. Elles se démarquaient et me permettaient d'exprimer une partie de moi qui était différente. Je luttais si fort pour m'intégrer, mon esprit luttait encore plus fort pour s'exprimer. C'était un petit moyen de le libérer.

Nanny est allée chercher le vendeur et lui a demandé mes bottes en pointure dix-neuf. C'était un grand homme blanc qui portait des bottes marron et un chapeau de cow-boy. On l'aurait dit tout droit sorti d'un western. Il parlait avec un accent du Sud et il était très poli. Quand j'ai essayé mes bottes, j'ai refusé de les retirer. Elles montaient jusqu'au mollet et il y avait un petit talon qui claquait quand je marchais. Elles étaient parfaites. Elle parlait à la fois au garçon et à la fille en moi. Les cow-boys étaient virils, mais le talon me rappelait les chaussures de ma mère. Elles avaient tous les avantages.

Malgré tout, Nanny a insisté pour que j'enfile à nouveau mes tennis et a promis que je mettrais mes bottes le lendemain. Alors je les ai rangées dans la boîte et je suis sorti de la boutique en les tenant, un grand sourire aux lèvres. Le lendemain à Disneyland, je devais être le plus embarrassant des cousins. Nous nous promenions tous vêtus du même T-shirt et du même short, mais eux avaient leurs baskets et moi mes bottes de cow-boy. J'ai toujours été fait pour me démarquer. Ils avaient beau être furieux et me trouver ridicule, ce jour-là, j'étais heureux.

L'été 1997, Nanny a décidé qu'elle voulait voyager le long de la côte Est, du New Jersey à la Caroline du Sud, en passant par la Virginie, avant notre dernière destination, Myrtle Beach.

Cette fois, il y avait Garrett, Rall, Rasul, ma tante Munch et moi. Quand on partait en vacances avec Nanny, on ne savait jamais ce qui nous attendait. On allait toujours faire du shopping, on visitait tous les parcs d'attractions, on se levait tôt, on se couchait tard et on passait un très bon moment.

Je me souviens qu'elle nous a dit que nous étions bénis, car beaucoup d'enfants n'avaient pas la chance de vivre ce genre d'expérience. Beaucoup d'entre eux ne quittent jamais leur État, ou même leur ville. Ce n'était pas ce que Nanny avait souhaité pour ses enfants, et certainement pas pour nous. Elle s'est assurée que non seulement nous profitions de notre enfance, mais que nous profitions du même luxe qu'un bon nombre de nos camarades blancs. Une fois enfin arrivés à Myrtle Beach, nous sommes allés au parc d'attractions du Pavilion et sur la promenade le long de la mer. Le lendemain, nous devions faire du minigolf.

Nanny s'est préparée après le déjeuner, et tous les cousins aussi. Il ne manquait que tante Munch, alors nous avons attendu. Une demi-heure. Une heure. Une heure et demie. On aurait dit qu'il s'était écoulé deux heures avant qu'elle se montre enfin. Nous avons tous ri, car son apparence n'avait pas beaucoup changé, mais c'était du tante Munch tout craché : cool, intelligente, excentrique et jamais pressée. Ça rendait Nanny dingue.

Ce soir-là, nous avons fait du minigolf et nous avons passé un moment très agréable. Du moins, après le premier trou. J'avais été le premier à jouer, et c'était aussi la première fois que je tenais un club de golf. J'ai imité ce que j'avais vu à la télé. Malheureusement, autour de moi, on n'était pas prêt pour mon talent de golfeur, encore moins le visage de tante Munch. J'ai levé grand mon club comme Tiger Woods et j'ai touché ses lunettes qui sont tombées par terre.

Elle s'est fâchée, mais elle s'est vite calmée et a dit : « N'en fais pas tant ! » Je me suis excusé et j'ai joué plus doucement à la deuxième tentative. À notre retour à l'hôtel, il n'était pas très tard. Nanny nous a donné l'autorisation de nous baigner un peu, puisque la piscine était bien éclairée. Rall, Rasul et moi nous sommes placés du côté du grand bain qui faisait trois mètres de profondeur.

L'un ou l'autre a dit : « Matt, tu veux toujours apprendre à nager ? »

Ils étaient tous les deux très bons nageurs. En tant que mes aînés, ils voulaient s'assurer que moi aussi. Franchement, notre enfance semblait tirée du film *Stand by Me*, avec quatre petits garçons noirs dans le premier rôle. Ou peut-être que *Les Griffin* est une meilleure référence ? En tout cas, c'était toujours une aventure.

Je les ai regardés bêtement.

« Oui.

— Alors, nage ! »

Et puis ils m'ont poussé. Il y a eu un grand splash. Je suis remonté à la surface.

Si votre cœur s'est arrêté, c'est parce que c'est aussi dangereux que ça en a l'air. Déjà, je ne savais pas vraiment nager. Il ne s'était écoulé que quelques années depuis le voyage en Californie. Dans les piscines, soit je restais du côté du petit bain, soit je portais des bouées. Le danger était réel et j'avais peur.

Je me trouvais dans trois mètres d'eau, tout seul, pendant qu'ils me regardaient sans réagir. D'abord, j'ai paniqué, mais je me suis vite rendu compte que je restais à la surface. Ma lutte pour ne pas me noyer a surmonté ma peur de ne pas savoir nager. À force de coups de pied et de moulinets des bras, je n'allais nulle part, mais je ne me noyais pas non plus.

Au bout d'environ quarante-cinq secondes, ils ont tous les deux sauté et nagé à côté de moi. Ils avaient ce grand sourire fier. Finalement, ils m'ont poussé vers le bord de la piscine pour que je reprenne mon souffle.

L'un d'entre eux est allé du côté du grand bain, l'autre est resté dans le petit bain. Ce soir-là, ils m'ont fait faire des allers-retours entre eux. Ils auraient pu aller s'amuser, pourtant c'était plus important pour eux que je sache nager. J'ai fait mes allers-retours, chaque fois un peu plus facilement. À force de barboter, ma peur disparaissait et mon assurance grandissait à chaque nouvelle longueur. Aussi ridicule qu'ait été leur logique adolescente, et ne les imitez jamais, ça a fonctionné. Ce soir où ils m'ont poussé dans la piscine, ils sont restés avec moi jusqu'à ce que je vainque l'une de mes plus grandes peurs.

Il était très tard lorsque nous sommes enfin sortis de la piscine et que nous sommes remontés dans notre chambre. J'étais excité par ma réussite, eux aussi. À leur manière brutale et grossière, ils m'ont appris à nager. En réalité, ils m'apprenaient à me défendre, en me rappelant qu'ils seraient toujours là pour me soutenir quand j'en aurais besoin.

Et ils ont toujours été là, durant toute mon enfance et le début de mon adolescence. Quand on s'est fait attaquer, ils se sont battus jusqu'au bout pour me protéger. Quand j'ai mis ces bottes de cow-boy, ça ne leur a pas plu, mais ils n'auraient jamais permis qu'on menace leur cousin bizarre.

J'aurais pu facilement me noyer, ce soir-là. Dans son article sur les piscines municipales post-ségrégation, publié dans *The Guardian,* Rose Hackman explique que les enfants noirs se noient environ trois fois plus que les enfants blancs, à cause d'un manque de ressources à la fois matériel et culturel, en plus du racisme. C'est intéressant comme dans ce pays, tant d'activités sont évidentes pour les enfants blancs alors qu'elles sont encore difficiles pour les enfants noirs. La communauté noire a toujours eu une relation compliquée avec l'eau, et même une peur de l'eau qui remonte à notre esclavage.

Mes ancêtres ont été amenés par bateau, enchaînés à fond de cale, à l'aveugle. Ils ont entendu l'eau frapper la coque. J'imagine que ce bruit a aussi été le dernier que nombre d'entre eux ont perçu. Lorsque des prisonniers arrivaient à se libérer de leurs chaînes, beaucoup ont choisi de sauter par-dessus bord et de mourir en mer plutôt que d'être réduits en esclavage.

Songez à l'histoire américaine récente : après la ségrégation, dans les quartiers à majorité noire, les piscines ont été remplies de ciment ou simplement fermées. Ce qui a empêché les familles noires et leurs enfants d'apprendre à nager. C'est le genre de pathologie sociale qui nous écrase. Pour chaque défaut, chaque manque et désavantage de notre communauté, je trouve un système qui nous a oppressés et a fait de nous ce que nous sommes.

C'est la raison pour laquelle je crois que tout dans notre passé est important et joue un rôle dans notre avenir. Voir ma cousine manquer se noyer m'a empêché de nager. En grandissant, j'ai appris que ma mère avait elle aussi failli se noyer et qu'elle s'approchait rarement des piscines. Raison probable pour laquelle elle n'a pas insisté pour que nous apprenions à nager, elle n'en voyait pas la nécessité. Tout est lié. Pour changer le destin d'une famille, il faut souvent que quelqu'un dépasse le stigmate ou brise le cycle.

Au lieu d'abandonner et de me noyer, j'ai lutté pour rester à la surface. Comme je l'avais toujours fait dans ma vie jusqu'ici : chaque fois qu'on me rabaissait, je me relevais. Les vacances avec Nanny et ses garçons étaient en général un soulagement dans ma lutte quotidienne pour être moi-même. Je sortais d'un environnement qui ne me correspondait pas, au profit d'un endroit où je ne trouvais que de l'amour. De l'amour pour la personne que j'étais, sans condition.

Chaque jour à mon réveil, c'est comme si on me poussait à nouveau dans cette piscine. Pendant plus de trente ans, j'ai décidé de nager au lieu de me noyer. Je connais tant de personnes noires queers qui ont cessé de nager lorsque les vagues sont devenues trop fortes et trop pesantes. Tant qui n'ont pas reçu l'enseignement et la protection qui leur auraient permis de survivre.

La vraie question que nous devons nous poser chaque jour est : *Suis-je décidé à nager ?* Ou est-ce le jour où vous vous noyez ? Souvent, cette décision nous appartient. Malheureusement, dans un monde qui continue à tuer les personnes noires queers, ce n'est pas toujours le cas. Mais je nage quand même. Chaque matin. J'enfile mes lunettes et je plonge dans le grand bain du racisme, de l'homophobie et de toute autre oppression qu'on me jette à la figure.

Le problème, c'est qu'il n'y a pas assez de Little Rall, de Rasul et de Nanny au monde déterminés à plonger la main dans l'eau pour nous protéger. Trop de gens regardent en silence alors qu'on opprime les personnes noires queers. Un jour, nous devons tous faire un choix : est-ce que vous apprenez aux gens à nager ou est-ce que vous les laissez se noyer ?

L'agent Gregory Johnson (père) intronisé sergent,
département de police de Plainfield.
À côté, ses fils G.G. (l'aîné) et George

ACTE 2

LA FAMILLE

CHER PETIT FRÈRE,

Merci. Je sais qu'en tant que garçons noirs, nous ne sommes pas conditionnés à partager nos émotions. Alors, j'espère que ceux qui liront ces lignes y verront une importante démonstration d'amour.

L'amour n'est pas un mot que nous sommes forcés d'utiliser entre nous, car il a toujours été une action. Nous l'avons prouvé à chaque fois en nous occupant l'un de l'autre. Car nous sommes souvent sur la même longueur d'onde. Et même quand il y a dissonance, il suffit de quelques heures pour que nous y revenions.

Mes souvenirs de toi sont probablement aussi vieux que mes souvenirs de moi. Tu as été là toute mon adolescence, jusqu'à mon départ à l'université. Quand nous étions petits, nos parents ne nous séparaient pas. Nous n'avons jamais laissé nos trois ans d'écart nous diviser. Nous jouions avec les gamins du quartier ensemble, nous faisions du vélo ensemble et nous traînions ensemble. Pas parce que nous y étions obligés, mais parce que nous le voulions.

Maintenant, il est temps de t'embarrasser un peu. Je me souviens que tu avais un surnom, « Moot ». Je le trouvais super cool, mais arrivé à 7 ans, tu le détestais. Tu détestais aussi ton deuxième prénom, Samuel. Ah, un autre nom qui me plaisait ! Mais j'ai toujours admiré ça, chez toi. Tu n'as jamais eu peur de dire ce que tu pensais ou ce que tu ressentais. Déjà très jeune, tu étais capable de prendre tes propres décisions alors que c'était toujours compliqué pour moi.

Je me rappelle que petits, nous prenions nos bains ensemble. Nous jouions dans la mousse avec des figurines articulées jusqu'à être tout fripés. Puis nous nous préparions à aller au lit. Nous avons toujours eu des lits superposés. Bien sûr, j'avais celui du haut, car j'étais l'aîné. Mais ça me gênait, car malgré mon désir d'avoir ce lit, je voulais aussi que tu sois heureux. C'est un peu pour ça que je te laissais choisir le programme à la télé. L'une des raisons pour lesquelles j'ai appris à aimer et comprendre le sport, c'est à force de regarder la chaîne *SportsCenter* JOUR ET NUIT. J'attendais toujours que tu t'endormes pour mettre mes vieilles séries, comme le *Dick Van Dyke Show* et *I Love Lucy*. J'étais tellement bizarre !

Je sais que c'est inutile, car tu ne m'en voudrais jamais, mais je veux m'excuser de tout ce que tu as subi parce que tu étais mon frère. Parce qu'étant donné toutes les insultes et les mauvais traitements que j'ai essuyés, je ne peux qu'imaginer les conséquences sur toi. Pas dans le sens où on t'aurait toi aussi traité de pédé, mais qu'on se serait servi de moi pour t'atteindre. J'ai beau avoir essayé de cacher mon identité, je sais que beaucoup la voyaient tout de même.

Ce sentiment de culpabilité m'a en partie forcé à surcompenser sur d'autres aspects de notre relation. Je sais qu'il me manquait ce dont tu avais besoin. Je ne pouvais pas te parler de filles, te donner de conseils, car je n'avais aucune expérience. J'ai imité papa qui nous exprimait son affection à travers des cadeaux. Mais sache que c'était toujours voulu. J'ai toujours adoré m'assurer que tu aies ce dont tu avais besoin, de ta première voiture à ce que tu demandais à travers tes fameux messages de Jedi manipulateur « T'aurais pas envie de me l'acheter ? » (et tu sais que ça marche encore sur moi).

Je voulais écrire cette lettre pour que d'autres vivant dans la même situation la lisent. Un frère ou une sœur qui grandissent avec un membre de la communauté LGBTQIAP+. Il aurait été très facile pour toi de t'éloigner de moi ou de me renier pour te protéger. Au lieu de ça, tu m'as soutenu, et avec force. Tu m'as défendu quand tu le trouvais nécessaire et tu ne m'as jamais injurié, même pour imiter les autres.

Tu es la preuve qu'il n'est pas si dur que ça, de s'entendre et d'apprécier la compagnie de personnes dont l'identité sexuelle est différente. Des frères qui ont pris des bains ensemble, qui ont fait du sport ensemble, qui *chuchote* ont fumé de la beuh ensemble et qui aujourd'hui discutent longuement, toi sirotant ton Hennessy, moi mon vin blanc. Nous sommes toujours très différents et à la fois semblables.

Mais surtout, je voulais écrire cette lettre, car nous avons tous les deux une plus grande cause à servir. Bien que nous soyons déjà l'exemple parfait d'une fraternité hétéro/homo, nous avons été bénis d'un cadeau encore plus important : la naissance de ton premier enfant, que nous appelons Bébé G avec affection, puisqu'il porte ton nom. Depuis que Bébé G est arrivé dans nos vies, je vois les changements en toi comme en moi.

Parfois quand je le tiens dans mes bras, je me demande à qui il ressemblera. Prendra-t-il plus de sa famille maternelle ? Te ressemblera-t-il ? Ma plus grande inquiétude, c'est qu'il me ressemble. Pas parce que c'est un mal, mais parce que je sais comment le monde traite les garçons comme moi. Je sais aussi qu'il est de mon devoir de le protéger quoi qu'il devienne, car les enfants noirs naissent dans l'oppression, avec ou sans autre marginalisation.

Je sais aussi que quelle que soit sa personnalité, il t'a toi, quelqu'un de déjà bien équipé pour savoir ce qui peut arriver lorsqu'un garçon n'entre pas dans une case, comme dans le cas de ton frère. Tu as toujours agi avec amour. Tu voyais que j'étais gay, et que ce n'était qu'une seule part de moi. Tu m'as toujours envisagé comme un être humain tout entier, ce que j'aimerais que d'autres dans notre communauté apprennent à mieux faire. Mon identité queer fait partie de mon identité noire et tu ne m'as jamais forcé à les séparer.

J'ai hâte de continuer notre voyage ensemble. Je suis heureux d'avoir fait de mon mieux en tant que grand frère et qu'aujourd'hui, nous puissions transmettre notre expérience à ce nouveau membre de notre famille. Tu seras un père fantastique. Mais n'oublie pas que tu seras toujours mon premier bébé.

CHAPITRE 7

NANNY : LA NOURRICIÈRE, LA TRAFIQUEUSE, MA MEILLEURE AMIE

« *TA, TA, TA !!!* Chez moi, on ne met pas les coudes sur la table quand on mange ! »

« Pourquoi mets-tu autant de temps à jouer ta carte ? L'argent timoré ne fait pas l'argent ! »

« Qu'est-ce que je t'ai dit sur le fait de te mêler des affaires des adultes ? »

« Écoute, Matt. Tu ne sauras pas si tu aimes ou pas les choux de Bruxelles avant d'y avoir goûté. Si tu goûtes aujourd'hui et que ça ne te plaît pas, tu n'en auras plus jamais. Mais tu essaies au moins une fois. »

Louise Kennedy Evans Elder était son nom complet. J'ai toujours trouvé drôle que ma grand-mère possède trois noms de famille. Aux yeux du reste du monde, elle était toutes ces personnes. Aux yeux de ses petits-enfants, elle était simplement « Nanny ».

Elle faisait un peu moins d'un mètre soixante-dix, elle était plutôt costaud, comme je l'ai dit, la peau brune. De ce qu'on raconte, ses cheveux ont commencé à grisonner quand elle avait 16 ans, ce que j'ai toujours trouvé cool. Benjamine de treize enfants, elle était pourtant la matriarche de toute notre famille, bien que ses frères et sœurs soient toujours en vie. Quand elle voulait que quelque chose soit fait, c'était fait. Et si elle ne pouvait s'en occuper elle-même, elle en chargeait l'un de ses enfants ou de ses petits-enfants. Elle a toujours su déléguer.

Elle était, et elle reste, la meilleure cuisinière que j'aie jamais rencontrée. Elle arrivait à tout faire de rien, tant qu'elle connaissait les ingrédients. L'un de mes souvenirs d'elle préférés, c'est un jour où je l'ai aidée à préparer un dîner de *Thanksgiving*. J'avais remarqué qu'elle ne mesurait rien. Elle cuisinait ses célèbres tourtes aux patates douces quand je lui ai demandé :

« Pourquoi tu n'utilises pas de verre doseur ? Comment tu sais si tu en mets trop ou pas assez ? »

Elle a éclaté de rire, puis elle m'a regardé et a dit :

« Si tu utilises un verre doseur, ton plat aura un goût de dosé. Goûte ta nourriture en cours de préparation.

C'est à ce moment-là qu'on fait des erreurs. Si tu attends la fin, ça va être dégueu ! »

Nous avons ri tous les deux.

Elle faisait des trucs géniaux comme le petit-déjeuner au dîner, de la *root beer* à la glace et des sandwichs à la crème glacée maison. Toutefois, elle préparait les miens un peu différemment de ceux de ses autres petits-enfants. Elle passait toujours ma glace quelques secondes au micro-ondes pour la faire fondre un peu. Je détestais que ma nourriture soit trop froide ou trop chaude. Être un peu décalé, c'était normal pour moi. Elle n'a jamais hésité à s'adapter à mes besoins, autant qu'avec le reste de ses petits-enfants. Seigneur, que j'étais bizarre ! Ça me fait rire, d'écrire cette anecdote.

Chaque fois que nous, les cousins, nous débattions de qui était son préféré, un sujet très sensible pour l'un d'entre nous, c'était surtout pour plaisanter quand elle se trouvait dans la pièce. Je crois qu'elle n'aimait pas l'idée qu'on perçoive une inégalité entre nous. Au bout d'un moment, elle avait compris qu'on ne faisait que rigoler, mais sa réponse restait la même :

« J'aime tous mes petits-enfants, mais je vous aime tous différemment, car vous avez tous des besoins différents. »

Ce « besoins différents » touchait mon âme.

Ce n'est qu'une fois un peu plus âgé que j'en ai compris les conséquences, à quel point elle étirait son amour à chacun d'entre nous, même si parfois cela signifiait sûrement se sacrifier. En toute sincérité, elle a tant donné d'elle-même durant sa vie entière qu'il ne lui restait plus beaucoup de temps à elle lorsqu'elle allait se coucher. Si nous savions ce que nous savons aujourd'hui, nous ne l'aurions pas laissée dépenser tant d'énergie pour nous sans lui en rendre. Mais ça, ce sera pour plus tard.

Les choses étant compliquées avec leurs parents, certains de mes cousins avaient besoin d'un foyer. Certains d'entre nous avaient besoin d'un environnement stable où rentrer après l'école, puisque nos parents travaillaient tard. Certains de ses petits-enfants d'une main douce mais ferme et de règles sévères. Elle nous donnait tout ça.

Et puis il y avait moi.

Un petit garçon noir queer encore très hésitant sur son identité. Je me cachais dans les devoirs et les livres. Ce qui me manquait en amitié, je le trouvais dans les histoires. Pendant que les autres enfants s'amusaient dans leur groupe respectif, je passais mon temps à la bibliothèque, à faire mes devoirs ou à jouer à *Jeopardy !* sur notre console Nintendo. En CE2, j'ai intégré le programme des enfants surdoués, qui séparait les enfants « plus intelligents » de ceux dont les notes étaient moyennes.

L'usage de l'éducation comme d'un outil de division a une histoire particulière dans la société noire. W. E. B. Du Bois a beaucoup parlé du principe de « *The Talended Tenth* », le dixième talentueux, une conviction que l'élite intellectuelle noire sortirait les 90 %

restants de l'oppression. Bien que la division par l'intelligence ne soit pas réservée à la communauté noire, elle a des connotations bien différentes quand on sait ce que les Blancs réussissent, quelles que soient leurs notes à l'école. Donald Trump est passé de star de la télé-réalité à président des États-Unis. Les exigences seront toujours plus fortes pour nous.

Quand on est le bon élève d'une famille noire, on vient à vous pour tout. Dans notre communauté, c'est presque une blague : quoi qu'on étudie à l'université, on vous demandera de l'aide pour tout et n'importe quoi, simplement parce que vous êtes « celui qui a fait des études ». Même pour Nanny, les études étaient fondamentales. Ses parents n'en avaient pas fait, alors ils ne l'y avaient jamais forcée et elle non plus n'était pas une « intellectuelle ». Du coup, elle s'assurait que nous prenions notre éducation au sérieux.

Sachant que j'étais intelligent, ma grand-mère avait décidé de faire de moi son protégé. Vous voyez, elle ne faisait pas que s'occuper de nous et cuisiner. C'était une trafiqueuse. Dans les médias grand public, l'idée du « trafic » est quelque chose de mal. Dans la communauté noire, ce que beaucoup d'entre nous appellent « trafic », on l'apprend à l'école de commerce sous le nom de « sources de revenus diversifiées ».

Ma grand-mère tenait une garderie chez elle, dans laquelle la plupart des enfants du quartier ont grandi. Elle faisait des tartes qu'elle vendait en tant que traiteur dans tout le New Jersey. Elle était infirmière diplômée et rendait visite deux fois par semaine à un riche client blanc dans le sud de l'État. Elle chinait aussi aux marchés aux puces et dans les vide-greniers. Nanny savait faire les comptes, mettre de l'argent à la banque et du liquide sous le matelas pour les jours de disette.

Je suis devenu son assistant et son partenaire, j'ai participé à de nombreuses entreprises risquées. Une fois, on a décidé que je mettrais en place un trafic de bonbons pour avoir de l'argent en plus pour les jouets, les vêtements, tout ce que vous voulez. On en a acheté en gros. Elle a commencé par me faire un prêt de cent dollars. Grâce à cela, j'ai pu me constituer ce qu'elle a appelé mon « stock ». À notre retour à la maison, elle m'a fait calculer combien de bonbons j'avais, combien il fallait que je vende à chacun et quel profit je pouvais en retirer. Nous avions passé un accord : je la rembourserais toutes les semaines, par tranches de vingt dollars.

Je vendais des bonbons à tous les enfants du terrain de jeu, avant et après l'école. Je me suis fait cent dollars tranquille à dealer du sucre pétillant. Cette opération a duré plusieurs mois avant que l'école en entende parler. Vendre ces bonbons n'était pas illégal, mais les parents se plaignaient que la monnaie de l'argent du déjeuner ne revenait pas.

Pendant des années, ma grand-mère et moi avons formé une équipe. Dealer du sucre pétillant n'était qu'un de nos nombreux trafics. Chaque week-end, on allait au marché aux puces tôt le matin et on vendait des vieux objets de la maison, comme des poupées en porcelaine, ou des gâteaux et des tartes qu'elle avait préparés la veille. C'était notre rendez-vous de la semaine. J'adorais traîner avec elle et marchander avec des acheteurs potentiels, rencontrer de nouvelles personnes et sortir de la maison. Les journées étaient longues mais amusantes. Elle s'assurait toujours que j'aie quelque chose à faire. Elle gérait toutes les crises.

Enfant, je ne comprenais pas l'importance de passer du temps avec elle. Aujourd'hui, je songe combien chaque minute compte, alors qu'à l'époque, ces minutes semblaient infinies. Je ne pensais jamais au jour où elle ne serait plus là physiquement. C'était ma grand-mère, bien sûr, mais surtout, c'était mon amie. Elle me donnait quelque chose dont j'étais fier : la capacité d'aider ceux qui avaient moins que moi. La capacité de faire de l'argent.

Même au lycée, elle était à mon côté. En troisième, ma première année au lycée catholique, nous devions faire deux cent cinquante heures de travaux d'intérêt général par an. Ça n'avait jamais été une exigence dans mon collège public, alors je ne savais pas comment y arriver. Tous les élèves blancs semblaient avoir déjà un stage ou une place de bénévolat où valider leurs heures. Mes parents, qui payaient déjà cinq mille dollars de frais de scolarité, ne pouvaient pas s'en occuper aussi. Mais elle, oui.

Plutôt que de me voir chercher une association au hasard, elle a fondé la soupe populaire Sarah Marsh Missionary Society, à l'Église africaine épiscopale et méthodiste du mont Sion, où nous sommes allés toute ma vie. Elle a carrément fondé toute une association pour que je remplisse mes heures de travaux d'intérêt général. Tous les samedis matin, nous allions à l'église, parfois avec d'autres fidèles, en général juste nous. Nous préparions de la soupe et des repas pour les malades et ceux qui ne pouvaient sortir de chez eux. Puis, durant l'heure du déjeuner, nous visitions des fidèles de l'église dans toute la ville et nous les nourrissions. Nous parlions avec eux quelques minutes, puis nous passions à la personne suivante. Nous avons fait ça pendant quatre ans, jusqu'à ce qu'elle soit certaine que j'ai assez d'heures à valider.

Ce n'est qu'à la fin du lycée que j'ai compris son objectif. Ce n'était pas seulement qu'elle me trouvait intelligent et que je devrais apprendre à créer des revenus. Ce n'était pas seulement parce qu'elle voulait que je sois quelqu'un de gentil qui rende à la communauté. Elle voulait que je sois tout cela, oui, mais surtout : elle ne voulait pas que je sois seul.

Vers 10 ans, je commençais à être isolé et elle s'en était rendu compte. J'avais beau lutter pour réprimer mon identité queer et m'intégrer, je n'y arrivais pas.

J'avais des copains, mais rien de comparable à ceux de mes cousins et mes frères. Mes cousins plus âgés avaient des cercles d'amis et parfois je pouvais les suivre. Mais la plupart du temps, j'étais trop jeune. Ils allaient à des fêtes, à la piscine municipale et plus souvent qu'à leur tour, ils se bagarraient avec d'autres bandes, *ensemble*. Ils formaient un groupe uni. Mais pas mon groupe.

Mon petit frère avait une bande, lui aussi. Quand ils étaient petits, ils portaient les mêmes baskets. Ils s'inscrivaient au même sport pour pouvoir traîner ensemble. Ils sont allés aux mêmes primaire, collège, et lycée. Même adultes, ils vivent encore tous à Plainfield, sont les parrains et marraines des enfants des autres et ils se voient toutes les semaines. Mon frère en était le leader à l'époque et il l'est toujours.

J'avais mes livres. Mes devoirs.

Je m'avais moi, et j'étais isolé.

Comme la nourricière née qu'elle était, ma grand-mère se sacrifiait souvent pour moi. Même si ça signifiait emmener un enfant partout avec elle, elle refusait que je reste seul. Elle avait décidé que ma bande, ce serait elle. Par moments, quand j'en avais besoin, elle devenait ma meilleure amie. Je me souviens des centaines de fois où on a joué tous les deux au rami pendant des heures, jusqu'à ce que j'aille me coucher. Les *road trips* à 7 heures du matin dans tout le New Jersey pour aller au marché aux puces. Nous étions solidaires. En plus, ce n'était pas la première fois qu'elle s'occupait ainsi d'enfants comme moi dans notre famille.

J'avais une cousine transgenre, Hope, et il y avait des femmes lesbiennes et des hommes gays dans la famille. Ma grand-mère a vu Hope grandir et faire sa transition. Je crois que ça l'a aidée à comprendre ce qu'elle percevait chez moi. Elle avait aussi vu les dommages causés lorsque les enfants « différents » ne sont pas élevés et aimés comme les autres. Quand elle dit « Je vous aime tous différemment », elle ne veut pas dire *je vous aime moins*, elle veut dire je vous aime *tout entier, tels que vous êtes*.

Je réfléchis souvent à ce que serait le monde s'il y avait une Nanny dans chaque famille. Pourquoi mon expérience noire et queer a-t-elle été celle d'un amour inconditionnel alors que bien d'autres sont devenues le modèle de la haine et de la violence familiale ? Alors qu'aux États-Unis, la moyenne nationale de jeunes SDF dans la communauté LGBTQIAP+ est de près de 40 %, celle de ma famille est de 0 %. Comment a-t-elle si bien réussi là où le reste du monde échoue de façon si spectaculaire ? Nous devrions être la règle. Pas l'exception.

Pourtant, la règle ressemble à « plutôt un enfant mort qu'un enfant gay ». Cette mentalité aurait été celle du père du jeune Giovanni Melton lorsqu'il a tué son fils le 2 novembre 2017. Mon père n'a jamais fait un commentaire sur le fait que j'étais efféminé. Ma mère, qui a toujours su, a mis en place un système de soutien familial dès mes 2 ans. Elle savait que j'aurais besoin de gens dans ma vie qui me comprendraient, de tantes et d'oncles qui m'aimeraient, m'aimeraient, et m'aimeraient encore plus fort. De cousins qui se battraient pour moi, de frères et sœurs qui me soutiendraient toujours.

La dynamique familiale est un sujet qui revient souvent dans la culture LGBTQIAP+. Les « familles choisies » forment un système dans lequel des amis originaires de partout créent des groupes extrêmement proches dans l'idée de bâtir un environnement familial pour tous ceux qui ont été rejetés.

Notre culture a toujours trouvé un moyen de créer la sécurité et le refuge là où il n'y en avait pas. La série télé *Pose* décrit avec réalisme la façon dont notre culture a survécu. Des « maisons » suivant la tradition de l'organisation de bals avaient été mises en place en tant que refuges pour les jeunes LGBTQIAP+ sans domicile fixe. Ils y trouvaient une structure familiale, ainsi qu'une mère de maison dont le travail était de s'occuper de ses enfants.

Je regrette que ma famille et moi ayons ignoré les diverses catégories statistiques dans lesquelles la jeunesse LGBTQIAP+ s'inscrit. L'amour que j'ai reçu chez moi était inaccessible dans d'autres environnements où je devais évoluer quotidiennement. Aussi effrayé que je sois à l'idée d'être « out », eux l'étaient tout autant de me demander si j'étais gay. Alors ils avaient beau savoir, ils n'ont pas cherché d'informations en plus sur la culture LGBTQIAP+. En d'autres mots, ils reconnaissaient une identité queer quand ils la voyaient, mais pas assez pour m'en enseigner les ficelles et les écueils.

Même si je ne connaissais pas ma culture queer ni ne possédais les ressources pour l'explorer, au moins j'avais un foyer. Un foyer, car Nanny s'en était assurée. « Charité bien ordonnée commence par soi-même » était l'une de ses phrases préférées. Et je sais qu'il y a des centaines d'autres Nanny dans le monde, qui se battent pour les petits garçons, les petites filles et les personnes non conformes aux genres noirs et qu'on considère différents. Elles remarquent les signaux et interviennent pour contrôler que ces enfants savent qu'ils sont aimés sans condition. Nanny n'a pas gardé sa sagesse pour elle-même. Elle l'a transmise à ses enfants, qui, à leur tour, ont planté la graine en nous. Ils ont planté cette graine en moi pour que je sois la voix d'autres garçons noirs queers qui ne savaient pas que quelqu'un se battait pour eux jour après jour.

Il y a tant de jeunes personnes out qui cherchent un système de soutien. Construisez celui que vous désirez autour de vous. Je ne vais pas mentir, ce ne sera pas toujours facile. Je ne vais pas faire comme les médias et vous vendre le mythe de « *It Gets Better*[1] » sans vous dire comment. Le comment vient de votre détermination à

1. « Tout ira mieux », référence à une campagne de vidéos en ligne créée en réaction au suicide de plusieurs adolescents LGBTQIAP+.

miser sur vous-même et à créer le système de soutien que vous aimeriez avoir. Je vous conseille aussi de reprendre ce slogan et de vous en servir comme place de guerre. Dites aux gens, surtout ceux qui ne sont ni queers ni noirs, de « *Make It Better* », changer les choses en mieux. L'amélioration ne vient pas sans l'action et vous avez le droit de l'exiger.

J'ai grandi sans douter un instant de l'amour de Nanny. J'espère que les garçons queers noirs, qui ne m'ont peut-être jamais rencontré, mais qui entendront et verront mes mots, sauront que je serai toujours leur ami. Parfois, on a juste besoin que quelqu'un nous voie tels que nous sommes. Nanny m'a vu, je vous vois, et maintenant, vous vous voyez vous-même.

Je me souviens d'une conversation avec Nanny plus tard dans ma vie, quelques instants après avoir fait mon coming out officiel auprès d'elle. J'avais environ 25 ans. J'avais toujours voulu le faire, mais je n'en avais pas eu la confiance jusqu'ici. Je craignais que mon homosexualité déçoive les membres de ma famille. Ils ont beau ne m'avoir jamais donné cette impression, la communauté dans laquelle je vivais était un monde différent. Un monde de stigmatisation au sujet du VIH et de honte au sujet de l'homosexualité. Alors j'ai attendu jusqu'à ce que moi, je sois prêt.

J'étais en larmes au téléphone, et elle solide comme un roc. Déjà, en me soutenant à cet instant, en me disant que je n'avais aucune raison de pleurer, qu'être gay ne jetait en rien l'opprobre sur ma famille. Ensuite, en me disant qu'elle avait toujours su et me rappelant que « j'aime tous mes petits-enfants, et tu sais que je t'aime de toute façon ». Ce qui m'est surtout resté, c'est ce qu'elle a dit en dernier : « Et lorsque tu auras un petit ami, tu devras faire comme tous mes autres petits-enfants et me le présenter avant tout le monde. »

Bien que ce jour ne soit toujours pas arrivé, cette phrase m'a rappelé qu'aussi différents que nous soyons en tant que personnes queers, certaines choses restent universelles quels que soient le sexe, le genre ou (insérer une différence). Offrir la même équité et égalité que les autres à une communauté considérée inférieure ne blesse personne sinon l'oppresseur.

Nanny ne recevra aucune récompense de la part de GLAAD[2]. Son portrait ne sera pas affiché pendant le Black History Month et elle ne sera pas en première page parce qu'elle a toujours agi par amour. Mais parce qu'elle a vu qui j'étais, je peux parler d'elle à tout le monde. Et peut-être, peut-être que des membres de la famille ou des camarades d'une personne LGBTQIAP+ verront ces mots et une partie de son esprit leur restera.

---

2. Gay and Lesbian Alliance Against Defamation, Alliance gay et lesbienne contre la diffamation, association américaine dénonçant les discriminations et les attaques contre les personnes LGBTQIAP+.

CHAPITRE 8

LA SECONDE CHANCE DE PAPA

« Mattmole frijole, Mattmole frijole, Mattmole, frijole ! » disait papa quand il me voyait dans la maison. C'était le surnom qu'il me donnait. À l'époque, on appelait mon petit frère « Moot », un surnom qu'il a tué à l'âge de 7 ans. Si vous connaissez Garrett, vous savez que quand il n'aime pas quelque chose, il ne se laissera jamais faire.

Moi, par contre, j'aimais que mon père m'appelle « Mattmole frijole ». Il le prononçait d'une voix tonitruante qui me faisait toujours rire. Enfant, ma relation avec mon père était très simple. C'était un homme, un vrai, comme on dit, et moi un enfant efféminé, alors nous n'avions pas grand-chose en commun. Il n'était pas du genre à vous faire des câlins, vous embrasser ou vous border la nuit. Mais vous saviez qu'il vous aimait, et il le démontrait de différentes façons.

Le plus clairement, c'était à Noël, aux anniversaires et pendant les vacances. Il ne regardait pas à la dépense quand il s'agissait de ses enfants. Mon petit frère et moi avons grandi dans la maison de nos parents. Notre sœur aînée, Tonya, et notre frère aîné, Gregory Jr., que nous appelons G.G., vivaient en majorité seuls. Parce qu'ils étaient beaucoup plus âgés, ils ne passaient que brièvement lorsqu'ils étaient entre deux adresses. Ça, c'était mon père. Quoi qu'on ait fait, aussi furieux qu'il soit, on pouvait toujours rentrer à la maison. Il n'a pas changé.

Pour comprendre mon père et ma relation avec lui, vous devez connaître ses racines. Il est né et a fait ses premiers pas à Williamsburg, en Virginie. « Un *nigga* de la campagne du Sud », disait-il. D'après ma grand-mère, c'était le premier bébé né à l'hôpital de Williamsburg. Enfants, nous nous rendions souvent dans la maison où il avait grandi. Elle appartenait à la famille depuis 1927, construite sur un lopin de terre donné à mon arrière-grand-père par ses employeurs. Nous détestions ces voyages, mais ça signifiait qu'on quittait le New Jersey pendant quelques jours, alors on prenait sur nous. La maison se trouvait en pleine campagne et il n'y avait vraiment rien à faire de la journée sinon regarder la télé. Ma grand-mère paternelle, qu'on appelait « Grandma », vivait là.

Sa maison était construite tout en longueur. Derrière, on en trouvait une autre plus petite où habitaient mon oncle Tick et ma tante Lestine. Et au fond, il y avait les bois. Grandma nous criait toujours de « sortir tout de suite de ces bois ! Ou vous aurez mon pied dans le *hinepots* !!! ». Ce n'est qu'une fois bien plus âgé que j'ai compris qu'elle parlait de *hind parts,* le fessier, l'argot campagnard pour « ton cul ». *Hinepots* sonne quand même beaucoup mieux.

Au fond à gauche du terrain se tenait une maison bien plus grande. Grandma nous a raconté que son père travaillait la terre dans les années 1920. C'était le propriétaire de cette grande demeure qui lui avait donné le lopin où se trouvait celle que mon arrière-grand-père avait construite de ses propres mains. Une salle de bains à l'avant, en enfilade avec une cuisine et une chambre sur le côté, le séjour et la salle à manger au fond avec une seconde chambre encore sur le côté. Si je voulais m'y rendre aujourd'hui, il faudrait que je gare ma voiture. Toute cette histoire a disparu, désormais. La gentrification a fait de cette terre un parking. Je crois que c'est parce que mon père avait des origines si humbles qu'il refusait que ses enfants vivent la même chose.

La maison datait de 1927 et Grandma était née en 1928. Ses deux frères et elle y ont été élevés. Elle a ensuite eu trois enfants qu'elle a aussi élevés dans cette maison. Elle était emplie de tant de souvenirs, y compris celui de plusieurs membres de la famille qui y sont décédés. Enfants, nous avions peur de dormir dans la chambre du fond. Il faisait froid et on voyait des choses bouger.

Oui. La maison était hantée et Grandma aimait dire de temps en temps qu'elle les apercevait. La télé vous fait croire que le dernier souffle de quelqu'un se fait dans un lit d'hôpital, alors que beaucoup décèdent dans leur propre lit. À moins que les conditions exigent d'aller à l'hôpital, les membres de notre famille demandaient à passer leurs derniers jours chez eux, pour être entourés de leurs êtres chers.

À cause de cette histoire de fantôme, nous étions terrifiés à l'idée de dormir dans sa maison. Puis un jour, elle nous a demandé :

« Pourquoi vous avez peur des fantômes ? »

Nous l'avons dévisagée d'un air qui disait : « Parce que ce sont des fantômes ! »

« Ce sont les membres de votre famille, a-t-elle expliqué. Pourquoi vous feraient-ils du mal ? Les Blancs ont appris à avoir peur des fantômes. C'est pour ça qu'ils se déguisaient sous des draps comme eux. Il n'y a aucune raison de craindre les fantômes des tiens. »

À partir de cet instant, je n'ai plus jamais eu peur de dormir dans cette maison.

Grandma était une femme sévère et très pieuse, convaincue que les Blancs étaient l'engeance du diable, et elle le disait fièrement. Elle a grandi à une époque où le monde était bien différent. Elle est née dans le Sud lorsque les lois Jim Crow étaient à leur paroxysme, une série de règles mises en place par des juristes blancs afin de gouverner la façon dont les « nègres » devaient être traités. Elles imposaient la ségrégation raciale. Des lois telles que :

« Aucune personne ou corporation n'exigera d'une infirmière blanche qu'elle travaille dans les salles d'hôpitaux, publics ou privés, dans lesquels des hommes nègres sont placés. »

« Aucun coiffeur de couleur ne coiffera des femmes ou des filles blanches. »

Elle a dû être témoin d'évènements que je ne peux même pas imaginer. Elle a donné naissance à mon père, et pour cette raison, il lui ressemble beaucoup. Fort, mais aimant. On ne doutait pas de son amour même s'il ne savait pas toujours comment le montrer. Très semblable à ma relation avec ma grand-mère.

« *Excuse the pig but not the hog, and catch the boy who got the frog*[1]. » C'était mon dicton préféré. Papa le disait chaque fois qu'il rotait. Son éducation lui a donné bien des qualités, mais aussi des défauts. Il se comportait en patriarche. La vie commune avec ma mère, une femme très indépendante, a dû être un défi pour eux deux. Ils ne se disputaient pas beaucoup devant nous, mais on ne doutait pas qu'il se prenait pour le roi.

Il laissait son assiette à table au lieu de débarrasser et s'attendait à ce que le dîner soit prêt tous les soirs. C'était une partie de son conditionnement social. Grandma le faisait pour lui et Tick. Et même si

1. « Pardonne au cochon, mais pas au porc, et attrape le garçon qui a eu la grenouille. »

elle disait : « Tu peux débarrasser tout seul, négro », il grimaçait et s'en allait.

Je me souviens d'un de nos séjours en Virginie, quand j'étais adolescent. Son frère aîné et lui ont regardé ma grand-mère de plus de 70 ans leur cuisiner du poulet, mettre la table, attendre qu'ils mangent et débarrasser pour eux. Je l'ai arrêtée et j'ai dit à mon père et mon oncle : « Vous n'allez quand même pas laisser Grandma débarrasser pour vous, quand même ? »

Ils ont tous les deux pris l'air stupéfait. Pas fâchés, mais ils n'avaient tellement pas l'habitude de ranger derrière eux qu'ils ne remarquaient même pas qu'ils étaient devenus adultes. À cet instant, on aurait cru des enfants réprimandés. Ce jour-là, j'ai débarrassé pour laisser Grandma souffler. Je leur ai jeté un regard qui disait : « Bande de n*****, vous devriez avoir honte. » Mon père a pincé les lèvres et rétorqué : « Quoi ? », les bras grands ouverts. C'était sa réponse habituelle quand il se sentait dans son bon droit.

Grandma a suivi la tradition de ses oncles et tantes. Elle aussi est décédée dans cette maison. Il y a du bon à mourir comme on le désire, chez soi, là où nos ancêtres viennent nous chercher. Elle est partie entourée de ses enfants, dans le séjour, sur le canapé où je dormais quand je lui rendais visite adolescent. Ce n'est que la seconde fois que j'ai vu mon père pleurer, la première étant au décès de mon oncle Rhem en 2004.

Mon grand frère, G.G., et ma sœur, Tonya, n'ont pas la même mère que Garrett et moi. Mon père et leur mère, Sheila, ont été mariés dix ans avant de divorcer. Ma mère et lui sont mariés depuis plus de trente-cinq ans désormais. Garrett et moi étions bien plus proches de Nanny, G.G. et Tonya bien plus proches de Grandma. Une histoire de dynamiques familiales.

G.G. fait un mètre quatre-vingt-douze, il est mince et sa peau est plus foncée que la mienne. Sa dentition est parfaite. Nous n'avons pas vraiment grandi ensemble, mais quand je suis devenu adolescent, Garrett, lui et moi avions créé un lien de fraternité très fort. Nous nous faisions un resto-ciné tous les week-ends. Nous avions beaucoup vécu sans lui, alors nous nous rattrapions.

Mon père et G.G. ont toujours eu une relation curieuse. Ils ne s'entendaient pas toujours mal, mais ils ne s'entendaient pas toujours bien non plus. D'après ce qu'on raconte, G.G. n'a pas bien pris le remariage de mon père. Le cas typique de la nouvelle belle-mère. Mon père et lui ont commencé à se prendre la tête à son adolescence, alors G.G. est allé vivre avec notre grand-mère en Virginie. Il revenait de temps en temps, mais notre relation ne s'est pas développée avant qu'il devienne adulte et moi adolescent. Nous avons onze ans d'écart.

C'est bien dommage que nous ayons perdu tant de temps. Si nous avions eu le courage de parler de nos sentiments, nous aurions découvert que nous nous ressemblions bien plus que nous l'imaginions. G.G. est gay. Je crois que cela a joué un rôle dans sa relation avec notre père. Avoir un fils gay, né dans les années 1970, qui affichait les mêmes caractéristiques féminines que moi, a été difficile pour mon père. À l'époque, il y avait encore moins de visibilité et de représentation queer que dans les années 1990. Nous n'avions pas la même mère, ce qui a joué aussi. Alors que du côté de la mienne, il y avait eu des personnes queers, celle de G.G. s'est peut-être sentie démunie.

Dix ans plus tard, mon père m'a élevé de façon très différente, je dirais. Il avait une seconde chance, celle d'avoir la relation qu'il aurait aimé avoir avec son aîné. Et j'ai l'impression qu'il a surcompensé.

Malgré toute sa virilité, il m'a vraiment laissé tranquille. De temps en temps, si j'étais attiré par quelque chose de trop féminin, il lui arrivait d'utiliser le mot « chochotte ». Mais ce n'était pas tant contre moi que contre l'activité.

Mon plus beau souvenir de lui vient d'une journée ordinaire chez Nanny. J'avais 11 ou 12 ans et je jouais dehors tout seul, je jetais la balle dans les airs aussi haut que possible et je la rattrapais. À cet instant, il est sorti pour répondre au téléphone.

Après son appel, il s'est dirigé vers moi et il a demandé :

« Tu sais jouer au football américain ? »

Je l'ai regardé d'un air d'évidence.

« Oui, je joue tous les jours à l'école.

— OK, rattrape le ballon alors. »

Je le lui ai donné et je me suis mis à courir. Il a attendu cinq secondes avant de me le lancer. Il a fait une de ces têtes quand je l'ai rattrapé ! D'abord la stupéfaction, puis l'approbation. Il a été encore plus surpris lorsque je le lui ai renvoyé dans une parfaite spirale. C'était l'époque où je prouvais mon talent de sportif à mes camarades. C'est curieux comme enfants et adultes imaginaient que je sois nul en sport « de garçon », tout ça parce que j'étais plus efféminé.

Mon père était stupéfait et je le savais. Puisque j'étais un rat de bibliothèque qui ne montrait pas autant d'intérêt que Garrett pour le sport, il devait penser que je n'en faisais pas du tout. Je crois qu'il voyait beaucoup de G.G. en moi, alors plutôt que de lutter, il avait décidé de ne pas du tout s'en mêler.

Ce jour a changé notre relation pour toujours. Nous avons joué jusqu'au coucher du soleil. Il me lançait le ballon, je le rattrapais, le relançais. Encore et encore. Ce jour-là, nous avons tous les deux appris une leçon : nous n'étions pas forcés de simplement coexister. Il n'aimerait ni ne comprendrait jamais tout chez moi, mais il n'avait pas à me traiter différemment pour autant. Et moi, j'ai appris que je pouvais être proche de mon père.

Il a pris mon intérêt pour le sport beaucoup plus au sérieux. Il a financé mon athlétisme. Au lycée, je me suis même inscrit au club de bowling. Aussi ridicule que ce soit pour un enfant noir, il m'a acheté tout ce dont j'avais besoin. Les chaussures, les boules, tout. J'ai senti tout ce qu'il n'avait pas fait avec G.G.

J'ai été le seul de ses enfants à être inscrit dans une école privée, et il l'a financé. Quand je suis allé à l'université, il a payé mon loyer et mes frais de scolarité. Il a toujours tout fait pour moi.

Ça ne veut pas dire que notre relation était parfaite. Nous nous sommes pris la tête de nombreuses fois quand j'ai grandi et que je suis devenu plus indépendant. Parfois, il croyait pouvoir prendre des décisions à ma place depuis quatre cent quatre-vingts kilomètres plus loin, ce que je détestais. J'appelais ma mère pour râler. Parfois, pour pleurer. Elle m'assurait toujours qu'il m'aimait. Elle m'a expliqué qu'il avait du mal à accepter que je sois ma propre personne et qu'il ne puisse plus prendre mes décisions à ma place maintenant que j'étais adulte.

J'allais avoir 21 ans quand il a été hospitalisé pour insuffisance cardiaque. Sa force n'avait d'égale que son entêtement, surtout au sujet de sa santé. Comme dans beaucoup de familles noires, il avait peur de l'hôpital et des médecins. La discrimination et les mauvais traitements médicaux nous ont rendus méfiants des lieux censés nous soigner. Alors nous attendons d'être aux portes de la mort pour nous y rendre.

Il était allongé sur son lit, à peine capable de respirer, quand Garrett et moi sommes entrés dans sa chambre. Mon frère lui a dit :

« Soit je t'emmène à l'hôpital, soit j'appelle une ambulance, mais tu y vas. »

Nous allions fêter mon anniversaire dans le New Jersey. Mes frères de rang[2] étaient tous présents. J'arrivais à mon dernier semestre à la Virginia Union University, et la fête se déroulait à Plainfield.

Deux heures avant, je lui ai rendu visite à l'hôpital. Je voulais être sûr de le voir le jour de mon anniversaire. Quand je suis entré dans sa chambre, il était assis devant la télé avec un masque à oxygène. Je n'avais encore jamais vu mon père afficher sa peur. Je ne sais pas si c'était dû à son état de santé ou au fait d'être vulnérable devant moi, l'homme le plus fort que je connaisse réduit à son lit d'hôpital.

Je me suis assis à côté de lui quelques minutes, horriblement nerveux et terrifié de le voir si malade. À cet instant, tous nos petits désaccords et nos prises de tête m'ont paru sans importance.

« Je regrette que tu ne sois pas là ce soir, ai-je dit.

— Oui, moi aussi. »

Il avait l'air si déçu. Je crois qu'il a compris que l'égoïsme qu'il montrait parfois avait un prix. Il allait rater cette étape importante pour moi. Je lui ai promis

2. Membres d'une fraternité à lettres grecques ayant fait partie du même groupe d'étude avant l'intronisation.

que ce n'était pas grave, que l'essentiel était qu'il s'en sorte.

Ce soir-là, j'ai fêté mon vingt et unième anniversaire avec le reste de ma famille. Tous mes cousins, le village et certains de leurs amis sont venus célébrer l'âge où je devenais vraiment « adulte ». C'était doux-amer. Mon père me manquait. Ça m'a rappelé qu'on n'apprécie pas toujours les gens à leur juste valeur. C'est facile de croire qu'on se réveillera tous les jours avec ceux qui se trouvaient à nos côtés la veille. On les regarde prendre de l'âge, mais est-ce qu'on imagine leur vieillesse ou même leur absence ?

Quelque chose a changé chez lui ce jour-là. À mon retour à Plainfield quelques semaines plus tard pour *Thanksgiving*, il semblait heureux et bien plus content de vivre. Nous avons bu ensemble, légalement[3], pour la première fois. Et quand je suis retourné en Virginie, il m'a serré dans ses bras. C'était si bizarre que je n'ai pas su comment réagir. J'ai fini par lui rendre son étreinte et je suis parti.

Cette étreinte a eu beaucoup d'importance pour moi, car mon père n'était pas du genre à afficher son affection. Alors je suis devenu pareil. Même maintenant, je suis très tendu quand quelqu'un que je ne connais pas encore bien m'étreint. C'est une vraie barrière, un comportement que j'ai appris de lui. Sa capacité à changer signifiait que j'en étais capable aussi. Dans cette étreinte, je me suis senti aimé.

---

3. Aux États-Unis, l'âge légal pour boire de l'alcool est 21 ans.

Chaque jour, je vois des hommes noirs critiquer des garçons noirs queers. Je ne dis pas que ma communauté est plus homophobe qu'une autre ou qu'aucun homme noir hétéro ne me soutient, mais il n'y en a pas assez, et de loin.

Mon père m'a appris que j'ai beau sentir l'oppression des hommes noirs hétéros, il arrive aussi qu'ils me protègent. Que le conditionnement social qui nous dit de détester les nôtres peut être brisé. Tout comme mon père, ma communauté a une seconde chance de donner à ses enfants queers une chance de survivre à un monde déjà antinoir. Je subis l'intolérance partout. Mon père s'est au moins assuré que je n'en souffre pas chez moi, avec les outils à sa disposition, du mieux qu'il pouvait.

CHAPITRE 9

PERDRE ESPOIR(S)

Je vais écrire la suite dans le seul langage que je connaissais à l'époque, au cours de mon adolescence, avant de comprendre ce qu'était la transphobie et les actions qui la nourrissent. Si j'avais su ce que je savais aujourd'hui, tu n'aurais jamais été mégenrée et je n'aurais jamais navigué entre ton nom de naissance, Jermaine[1], et ton nom choisi, Hope[2]. Mon affection n'aurait jamais été mêlé à ma peur d'être vu avec toi en public. Heureusement, malgré nos erreurs, ma famille ne connaissait qu'une façon d'élever leurs enfants : avec amour. Alors, bien que nous n'ayons eu ni l'éducation ni les ressources pour comprendre ce qui se

1. Malgré l'homophonie avec Germaine, il s'agit d'un prénom masculin.
2. En anglais, *hope* signifie « espoir ».

passait, nous t'avons toujours aimée et tu as trouvé le moyen de nous aimer encore plus fort.

Bizarrement, mon premier souvenir de toi apparaît en noir et blanc. Chaque fois que je songe à notre première rencontre, du parking au banc, jusqu'aux personnes présentes, je vois en noir et blanc. Je ne sais pas pourquoi mon esprit a ainsi transformé ce souvenir. Peut-être parce que notre existence en tant que personnes queers n'a justement jamais été en noir et blanc.

C'était une chaude journée d'été et j'avais 5 ou 6 ans. Nous allions tous à ce grand pique-nique familial dont Nanny et ses frères et sœurs avaient le secret. Nous formions une grande famille, la plupart d'entre nous ont grandi à moins d'une demi-heure ou trois quarts d'heure les uns des autres. Mon oncle, celui que j'appelais vraiment « mon oncle » et dont je parlerai plus tard, dit toujours : « Vos cousins sont vos premiers amis. » Et il avait raison.

Nous sommes descendus de voiture, je tenais ma mère par la main et nous nous sommes dirigés vers la famille. Tu étais là, avec une demi-douzaine d'autres personnes, à écouter de la musique sur un gros radiocassette, dans votre monde à vous. Je me souviens que vous me fasciniez. Même à ce très jeune âge, je sentais que votre groupe était « différent », lui aussi.

« Bonjour, Jermaine ! a lancé ma mère.

— Bonjour, tante Kaye. »

Tu m'as souri. Ta voix aiguë ne correspondait pas à ton apparence d'adolescent. Moi, j'essayais de comprendre tout ça.

À l'époque, vous aviez des Jheri curls et vous portiez des jeans serrés, déchirés et des T-shirts encore plus moulants. Vous vous racontiez des potins comme les femmes du salon de coiffure de ma mère. Sauf que vous ressembliez à des garçons comme moi. Ta peau était plus foncée que la mienne et tu avais déjà commencé à te maquiller. Ton meilleur ami avait la peau plus claire et parlait avec cette même voix aiguë.

Vous aviez beau rester à l'écart de tout le monde, ce n'était pas parce qu'on vous rejetait. Vous faisiez partie de la bande de la sœur de Nanny, ma grand-tante Margaret. Nanny vous appelait « la bande de Jersey City », qui comprenait ma grand-tante et sa fille, tante Toni, ses fils Rob, Paul et Leonard, mes cousins Angel, Shawn, et toi.

Tu adorais ma mère et je voyais bien que vous étiez tous très proches. Ce jour-là, je vous ai regardés, ta bande et toi, trop jeune pour vous parler, pas pour écouter. Je n'arrêtais pas de vous observer. Il faut dire que je trouvais ça stupéfiant, car j'étais petit et je ne comprenais pas ce que je voyais. Toutefois, quoi que vous soyez, je le percevais, et je savais qu'un jour, quelque chose chez moi vous ressemblerait aussi.

G.G. ne parlait jamais de sa sexualité, et il ramenait même parfois des filles à la maison afin de détourner les soupçons. Il se cachait beaucoup plus quand j'étais enfant. C'est pour cette raison que ce moment au parc se démarque dans ma mémoire. Il y a une discussion à mettre en place sur le fait que, parfois, on ne peut se voir soi-même si on ne voit pas d'autres personnes qui nous ressemblent exister, réussir, travailler. Je ne peux qu'imaginer le courage que cela t'a demandé, d'être toi-même. Même si chez toi tu étais en sécurité, le monde restait bien périlleux pour les gens comme toi.

Des années se sont écoulées depuis que nous t'avons perdue, et le monde est toujours aussi dangereux et intolérant envers les personnes trans. Parfois, je crains qu'il le reste à jamais. Malgré tout, la différence entre alors et aujourd'hui, c'est que je peux me battre pour vous.

Au fil des années, j'ai continué à te voir aux réunions familiales, avec « la bande de Jersey City », parfois avec Corey. Chaque fois, quelque chose changeait. Ça a commencé par les vêtements. Tu t'es mise à venir en robe. Personne ne te faisait de réflexion.

Après les robes, il y a eu les manucures, puis les perruques. Chaque fois que je te voyais, ta voix comme les traits de ton visage devenaient plus féminins. Le jeune homme mince que j'avais rencontré au parc se transformait en une jeune femme vive qui aimait s'amuser, celle que tu as toujours su que tu étais. Celle que tu étais déjà lorsque je t'ai vue pour la première fois.

En secret, je voulais te ressembler. Quand un enfant grandit avec à la fois le sentiment de féminité et de masculinité, sans l'espace pour le comprendre et le gérer, on cherche le meilleur reflet de soi-même. Pour moi, c'était toi. Je ne savais pas si j'étais un garçon, une fille ou une expérience scientifique, mais je savais que tu existais. Alors moi aussi, j'existais quelque part, sous une forme ou une autre.

C'est à nouveau l'heure de l'histoire. Puis je reviens à toi, cousine.

« Jermaine veut qu'on l'appelle Hope, maintenant », a déclaré Nanny alors que nous étions assis sur le porche, un jour.

Je devais avoir 14 ans, c'était juste avant l'un de ses fameux pique-niques.

« Hope ? a répété ma mère.

— Oui. Jermaine a changé de nom pour devenir Hope Loretta Cureton. »

Tout le monde s'est exclamé en chœur :

« Loretta ! »

Ça en a fait s'envoler les oiseaux. Quelqu'un a lancé :

« Seigneur, si Loretta était là, elle lui botterait les fesses ! »

Tout le monde a éclaté de rire.

J'ai demandé qui était Loretta. Il y a eu un silence, puis ma mère m'a expliqué :

« La fille de tante Margaret, elle est décédée jeune d'une crise d'asthme. C'était la mère de Jermaine.

— Va donc chercher les albums, m'a demandé Nanny. Je crois que j'ai une photo d'elle. »

Je me suis précipité dans le salon et j'ai attrapé certains des albums avant de revenir sur le porche. Je les lui ai tendus et elle les a parcourus en souriant à ces vieux souvenirs.

« La voici », a-t-elle enfin dit.

C'était une photo de ma tante, assise sur le capot avant d'une voiture, ma mère à ses côtés. Souriantes toutes les deux, elles se ressemblaient.

« Cette sacrée Loretta, c'était ma meilleure amie. On passait tout notre temps ensemble à l'époque », a dit ma mère.

Ce jour-là, j'ai découvert qu'elle était aussi la marraine de Jermaine, ce qui signifiait qu'au cas où Loretta mourait, ma mère avait été préparée à l'élever.

Être parrain ou marraine, c'est très sérieux dans la communauté noire. Dans ma famille, nombre d'entre nous le doublent d'une responsabilité légale. Bien qu'elle ne l'ait pas élevée, ma mère parlait à Jermaine de façon régulière. Elle lui achetait des cadeaux le jour de son anniversaire et à Noël. Elles s'aimaient beaucoup. Ma mère prenait cette responsabilité à cœur.

Je l'entends encore :

« Eh bien, si ELLE veut qu'on l'appelle Hope, nous l'appellerons Hope. »

Nanny s'est esclaffée.

« Ça, c'est hors de question. Il s'appelle Jermaine. »

Mais ma mère et ses sœurs l'ont regardée d'un air sévère. Ma grand-mère fonctionnait à l'ancienne, et elle avait beau aimer de tout son cœur, elle était hermétique à certains changements. En partie parce qu'elle ne comprenait pas vraiment ce qui se passait. En partie parce qu'elle savait que la société mettait en danger ceux qui ne rentraient pas dans les cases. Et elle désirait qu'on soit tous en sécurité, qui que nous soyons. Surtout, elle était entêtée et elle voulait que tout se fasse à sa manière.

La bande de Jersey City est arrivée plus tard cet après-midi-là, comme d'habitude : avec un pack de bières, de l'argent pour jouer aux cartes et prêts à déconner. Hope est sortie de la voiture. J'ai dit :

« Salut, Jermai… Hope. »

Elle a souri.

« Matt ! Fais-moi un câlin, mon chéri ! »

Je me suis exécuté. Lorsque Nanny l'a vue, elle a grimacé.

« C'est quoi, cette histoire, tu ne veux plus être Jermaine ?

— Tante Louise, a répondu Hope sur le ton de la plaisanterie. Je suis une femme et je voulais un nom qui me correspondait. Alors j'ai choisi Hope.

— De l'espoir, tu vas en avoir besoin », a rétorqué Nanny.

On a tous éclaté de rire, Hope surtout.

« Bon, je vais t'appeler Hope alors, mais je risque de t'appeler encore un peu Jermaine. Je te connais sous ce nom depuis que tu portes des couches, alors ça va me demander un peu de temps. Je suis vieille. »

Hope a souri.

« Je réponds aux deux, tante Lou.

— Très bien, maintenant viens, que je te serre dans mes bras. »

Nanny a toujours eu du mordant. Elle n'était pas le genre de personne qui se contente d'aboyer. Et parfois, aboyer lui permettait d'évacuer. C'était sa façon à elle d'intégrer une nouvelle information et de se faire tout de même entendre. Cette journée a été merveilleuse pour tout le monde. Mes tantes encourageaient toutes Hope à coups de « OK, mademoiselle Hope » et « je te vois, Hope ». Aussi perdus et incertains que nous soyons, nous étions aussi très fiers.

OK, cousine, je recommence à t'envoyer des fleurs, alors écoute bien. Je suis fier de ta force quand tu as pris la décision de faire ta transition, en sachant que sous cette existence, tu te mettais en danger. J'aurais aimé en être aussi fier à l'époque, mais j'avais peur de ce que les gens penseraient en me voyant à tes côtés. Je gérais déjà suffisamment d'agressivité au sujet de ma propre sexualité. À 14 ans, je n'étais pas tout à fait prêt à être vu en public avec toi.

Mais grâce à toi, j'ai su que j'existais. J'ai compris aussi tôt dans mon adolescence que je ne serais pas transgenre. Mais ça signifiait aussi que quelque part, il y avait des gens comme moi. Être queer est un voyage. Un voyage qui évolue à mesure que des identités autrefois cachées remontent à la surface. À mesure que des relations qui devaient, par le passé, être cachées deviennent de plus en plus visibles.

Alors mon voyage ressemble à quelque chose comme ça : enfant, j'étais efféminé et je me disais que j'aurais dû être une fille, puisque j'aimais les choses de filles et que j'avais leurs manières. Entre 5 et 12 ans, c'est tout ce que je pouvais comprendre, car je n'avais pas tout le vocabulaire du genre et de la sexualité. Dans mes rêves, je n'étais pas un garçon, mais une fille qui s'appelait Dominique, d'après Dominique Dawes, la gymnaste que j'aurais voulu être.

Cette conviction était fortement liée à mon attirance pour les autres garçons. Les filles aimaient les garçons. Je ne savais pas que les garçons pouvaient aussi aimer les garçons. À cette époque, la seule représentation que j'en avais, c'était la transition de ma cousine.

Ce qui m'a amené à croire que je pourrais être transgenre. Je pensais que ça voulait dire « un garçon qui voulait être une fille » et tu en étais le témoignage physique. Longtemps au cours de mes plus jeunes années, j'étais convaincu qu'un jour, je voudrais faire ma transition aussi.

Tout a changé lorsque je suis arrivé au lycée. J'avais commencé à regarder la série de documentaires *Real Sex* ainsi que *Queer as Folk*. Bien qu'on y montre en majorité des personnes gays blanches, ça m'a tout de même donné le contexte d'une culture dont j'ignorais l'existence, et la preuve que je n'étais pas seul à être efféminé.

Ce voyage m'a fait comprendre que je suis gay. Un garçon attiré par les autres garçons, puis un homme attiré par les autres hommes... et d'autres identités que j'ai appris à aimer. Plus j'ai grandi, moins je me suis attaché aux étiquettes afin d'être plus en adéquation avec ce qui me plaisait vraiment. Mon attirance pour les personnes trans et autres représentées dans les lettres du sigle LGBTQIAP+ m'a mené à mon identité queer. Une étiquette qui englobe bien plus tout ce que je suis et que j'espère être. Le garçon qui se sentait « différent » se tient désormais fièrement, sachant qu'il est queer.

Même à l'époque, Hope, tu savais que j'étais différent. Nous n'en parlions pas beaucoup, pourtant tu me le faisais comprendre discrètement.

« N'oublie pas, Matt, *CoverGirl doesn't CoverBoy*[3] », as-tu dit ce jour-là au pique-nique, pendant que tu te remaquillais avant de retourner sous la chaleur estivale.

J'ai hurlé de rire. Ta meilleure amie, Corey, était toujours là, mais désormais elle se faisait appeler

3. Littéralement : « CoverGirl [marque de maquillage] ne cache pas le garçon. »

« Cookie ». Toutes les deux, vous étiez hilarantes à tous les pique-niques et on s'asseyait autour de vous pour vous écouter raconter des histoires.

Ces histoires relataient toujours vos aventures quand vous sortiez, que vous alliez en boîte de nuit et je ne sais plus où. Ma mère se faisait du souci parce que certaines abordaient un peu le sujet du sexe et des problèmes que vous rencontriez avec les hommes. Il y en avait toujours qui voulait vous fréquenter, mais seulement secret. Ils vous faisaient des cadeaux, puis sortaient en public avec des femmes cisgenres hétérosexuelles. Ça vous faisait rire, parce que vous connaissiez leur vérité.

Chez nous, grandir avec des personnes transgenres était la norme, mais c'est une expérience dont je n'ai pas beaucoup entendu parler chez les autres. Nanny et ma mère disent souvent que c'est de famille. Quand je pense au nombre de personnes queers qu'on y trouve, je me rappelle ce débat : est-ce qu'on naît queer ou est-ce qu'on le devient ? Le plus drôle, c'est que ça n'a aucune importance. Vous êtes qui vous êtes, et personne n'a le droit de le changer. Je suis heureux que notre famille n'ait jamais essayé.

Lorsque j'étudiais à l'université, je ne rentrais plus à la maison si souvent, alors je te voyais rarement, à moins de participer à un pique-nique familial. Mais je t'aimais toujours. Et même, je n'avais plus de problèmes à l'idée d'être vu en public avec toi. « Emmène-moi faire les courses, Matt ! » disais-tu.

À l'époque, je ne comprenais pas pourquoi tu me demandais toujours de t'emmener. Aujourd'hui, oui. Tu savais qui j'étais même si moi, je l'ignorais, et il s'agissait d'un moment à nous. Deux âmes qui comprenaient parfaitement ce que signifient la différence et le besoin de passer du temps ensemble. À rire et plaisanter en allant acheter tes cigarettes, ces fichus Virginia Slims.

Mais à mesure des années, les rires se sont faits plus rares. Tout comme ta présence aux pique-niques. Tu étais tombé « malade », comme disait la famille. Certains prétendaient que c'était la faute des implants mammaires qui avaient coulé dans ton sang. D'autres celle des médecins charlatans qui t'avaient fait de mauvaises piqûres d'hormones pendant des années. Au fond, je crois qu'on savait tous ce que de quoi il s'agissait. D'une épidémie qui blesse encore les nôtres au quotidien.

La dernière fois que je t'ai vue, c'était chez Nanny. Tu avais trouvé la force de venir au pique-nique, mais pas de rester dehors. J'étais assis sur le canapé, tu avais perdu beaucoup de poids et ton visage s'était un peu creusé. Je me souviens que j'avais envie de pleurer. J'avais peur, je me demandais si je connaîtrais la même détresse un jour. Alors que nous savions tous que la fin était proche, tu n'arrêtais pas de nous charrier et de raconter tes foutues blagues. Et nous, assis autour de toi, on riait, on riait. Nous savions que ce serait notre dernier rire avec Hope, tout en gardant espoir que tu survivrais.

Je vivais à Richmond, en Virginie, quand on m'a appelé. Dans ma tête, je savais déjà que tu étais partie.

J'avais rêvé de toi, pour la première fois. Dans la culture noire, on prétend toujours que quand une personne est sur le point de trépasser, elle vous rend visite pour vous dire ce qu'elle ne peut vous transmettre en personne. Cette nuit-là, tu m'as « rendu visite », le temps d'une discussion simple et belle. Tu m'as assuré que j'étais ton frère et de ne pas m'en faire pour toi.

La dernière histoire au sujet de ta mort, je la rejoue dans ma tête encore et encore. La famille avait été convoquée chez tante Margaret à Jersey City. Allongée sur le lit, tu respirais à peine, mais tu restais de très bonne humeur. Les amis et les membres de la famille entouraient le lit, assis à côté de toi. Les conversations se sont faites trop fortes. Nanny en a eu assez.

« C'est bon, sortez tous de cette chambre ! »

Alors que tante Margaret s'était occupée de toi depuis la mort de ta mère, Nanny lui a dit :

« Toi aussi ! »

Elle a obéi.

Nanny a rapproché sa chaise de ton lit, elle t'a regardée droit dans les yeux et elle s'est adressée à toi :

« Bon, Hope. C'est ta méchante tante Louise. J'ai viré tout le monde de la chambre parce qu'ils faisaient trop de bruit. Il est temps que tu te reposes. »

Et tu as enfin pu te reposer. Une femme dont la vie a toujours été pleine de hauts, de bas, de bas et encore de bas, s'est finalement libérée.

Tu m'as beaucoup appris à mon propre sujet, et qu'il existait bien une communauté LGBTQIAP+. Tu es morte avant tes 35 ans. C'est inacceptable.

La mort trouve le moyen de redonner de la vie. Si je lutte si fort pour me défendre et défendre ma communauté, c'est parce que j'ai été aux premières loges de sa destruction. Une identité noire qui ne peut tolérer ni protéger l'identité queer. Une société blanche qui veut tous nous détruire. En vivant telle que tu voulais être, en mourant telle que tu voulais être, tu m'as donné de l'espoir.

Tu me manques beaucoup. Surtout quand je vois les violences subies par notre communauté simplement parce qu'elle existe. Toutefois, il y a une certaine beauté à savoir que, quel que soit mon chemin, j'étais là et je pars en étant moi-même. Une leçon que j'ai apprise de toi et de ton voyage. Ton histoire vivra désormais éternellement à travers mes mots, afin que quiconque les lit sache qu'ils existent parce que tu as existé.

CHÈRE MAMAN,

Difficile de mettre des mots sur combien tu comptes pour moi. Tu es la personne la plus forte que je connaisse. Tu es une protectrice et un soutien. Tu es le coup de fil que j'ai toujours su pouvoir passer, quelle que soit la situation. Tu pries pour moi, tu me conseilles quand j'en ai besoin et tu vas bien au-delà des devoirs d'une mère quand il le faut.

Enfant, on disait que j'étais ton jumeau. « Little K », m'appelaient certains. Ça n'a pas dû être facile, de m'avoir comme premier enfant. On a beau avoir toute l'expérience du monde en aidant à élever ses frères et sœurs, ses nièces et ses neveux, c'est différent quand on devient la première personne responsable de quelqu'un d'autre.

Le monde n'a aucune pitié pour toi, une femme noire. Je sais que ce devait être encore plus difficile d'élever un enfant noir queer dans une société où il était déjà compliqué d'élever un enfant noir, sans aucune autre marque de minorité. Tu savais depuis ma petite enfance que je serais queer. Très tôt, tu as creusé les fondations de la communauté dont j'aurais besoin en grandissant. Le choix de tante Audrey pour être ma marraine, une femme lesbienne, comme par hasard, a dû déclencher d'intéressantes conversations dans la famille, je n'en doute pas, lol. Mais tu as toujours su faire ce qu'il fallait. Et cette fois encore, tu avais pris la bonne décision.

Je me rappelle la première fois où j'ai cru que j'allais te perdre. Il y avait un tas de visiteurs, plus que d'habitude. J'avais une dizaine d'années, assez âgé pour savoir qu'il se passait quelque chose. Je suis sorti de ma chambre et tu discutais dans le salon avec tante Darlene. À mon expression, tu as su que je paniquais. Tu m'as demandé ce qui n'allait pas. Je me suis jeté sur tes genoux en larmes et j'ai répondu :

« Je veux juste savoir ce qui se passe ! »

Une semaine plus tard, quand tu es venue nous chercher chez Nanny, tu nous as mis dans la voiture et avant de démarrer, tu as dit :

« Ne vous inquiétez pas, mais il faut que j'aille à l'hôpital pour subir une intervention du cerveau. Tout ira bien, d'accord ? »

Nous avons tous les deux acquiescé. Sachant ce que je ressentais, je ne peux qu'imaginer ce que tu vivais. Nous affirmer que tout allait bien, alors que les médecins t'avaient parlé de risques bien plus grands !

Le jour de l'opération, j'ai passé la journée à l'école à me demander si tu allais survivre. Non seulement tu as survécu, mais tu as repris la vie comme si de rien n'était dès que tu as pu. Tu ne voulais pas qu'on te serve. Tu ne voulais pas arrêter de vivre. Tu as ramassé les morceaux et tu as réappris à marcher et à parler. Quand je te regarde, savoir que je suis né de toi me donne la force d'affronter chaque obstacle.

Il y a sûrement eu des moments où tu t'es inquiétée de ce qui se passait dans ma vie, sans savoir comment aborder le sujet. Des moments où tu aurais voulu que je me sente assez à l'aise pour en parler. Je regrette de ne pas t'avoir dit bien plus tôt que j'aimais les garçons, car tu m'en avais laissé la possibilité. Je me suis toujours senti en sécurité en ta présence, j'ai toujours su que je pouvais te parler. Le blocage venait de moi. Sache que tu as fait tout ce que tu pouvais pour donner à un enfant tel que moi l'environnement dont il avait besoin.

Je ne me rappelle qu'un seul véritable désaccord entre nous. Tu refusais que je devienne coiffeur. Alors que j'étais très doué. Adulte, je comprends que bien des décisions que tu as prises pour moi étaient pour me protéger, pas pour étouffer ma personnalité. Dans ce monde, un enfant comme moi se trouvait en danger. Et franchement, si j'avais vraiment voulu pratiquer ce métier, tu n'aurais pas cillé. Surtout sachant que ton frère, « mon oncle », travaillait à tes côtés comme barbier et coiffeur.

Je me souviens des fois où tu as pris du retard sur tes factures parce que j'en avais sur les miennes. Alors tu réunissais tout ce que tu avais pour t'assurer que je ne manque de rien, surtout à l'université. Et quand, à 25 ans, je t'ai appelée en larmes pour t'annoncer que j'étais gay, tu n'as pas hésité une seconde. Tu m'as dit que dans la famille, ça ne serait jamais une déception. Que tout ce qui comptait pour toi, c'était que je fasse attention à moi et que je prenne de bonnes décisions. Je regrette de ne pas t'avoir plus écoutée, mais je ne changerais pas le chemin parcouru pour tout l'or du monde.

Mon souvenir le plus terrifiant, c'est cet appel en 2015 de tante Sarah, qui me disait que tu avais fait une rupture d'anévrisme et qu'il fallait que je vienne immédiatement. J'ai pleuré pendant les trois heures de voiture depuis le Maryland. À mon arrivée, tu étais de bonne humeur. Tu étais sur le point de subir une autre intervention majeure du cerveau, mais ton seul souci était que Garrett et moi ne nous inquiétions pas.

Une fois de plus, tu es sortie de la salle d'opération et dès le lendemain, tu luttais pour redevenir toi-même. Ce jour-là est aussi le premier où j'ai eu à te nourrir. À ce moment-là, cela avait quelque chose de doux-amer. Mais aujourd'hui, je trouve que c'était simplement beau. Prendre soin de la femme qui avait tant fait pour moi dans ma vie. La femme qui m'avait nourri enfant et soutenu en tant qu'adulte. La femme pour laquelle je continue à faire tant d'efforts, afin que tu sois fière de moi (et avec un peu de chance, que je n'aie plus à en faire).

Merci d'avoir toujours été là pour moi, alors et maintenant. Merci de ne m'avoir jamais donné l'impression que quelque chose clochait chez moi, de m'avoir toujours assuré que j'étais fait pour ce voyage. Je t'aime.

CHAPITRE 10

UNE LEÇON AVANT DE MOURIR

Ce chapitre sera probablement le plus difficile à écrire pour moi. Et pour être sincère, je ne suis même pas certain qu'il s'insère dans le thème de l'identité noire et queer ou de la théorie critique des races. Et je m'en fiche. Ce chapitre est le plus important, car il n'a pas de solution. Il n'y a pas de fin heureuse. C'est la leçon la plus difficile à apprendre sur l'amour et la perte. Personne n'est immortel, et je ne peux garder personne jusqu'à la fin des temps.

Nanny n'a jamais hésité à dire ce qu'elle pensait. Elle était arrivée à un moment de sa vie où elle parlait sans aucune diplomatie et, connaissant son passé, elle l'avait bien mérité. Comme je l'ai dit, elle était la plus jeune de treize enfants. Bébé, elle a perdu deux frères et une sœur dans un incendie domestique. Au cours des années, elle en a encore perdu d'autres. Et elle avait beau être la plus jeune, c'était elle la meneuse. Elle était incapable de ne pas diriger et elle a fait un sacré boulot pour garder ce poste.

Au début de cette histoire en particulier, nous étions tous adolescents. Enfin, du moins Little Rall, Rasul et mon cousin Thomas, le fils de mon oncle Bobby. Il vivait à Jersey City et venait nous rendre visite de temps en temps. C'était toujours une joie d'être avec lui, et il avait toujours des histoires dingues sur les *Projects* de Jersey City. À ce moment-là, il avait emménagé à Plainfield, chez Nanny. J'avais 12 ou 13 ans, Garrett 10.

À l'époque, nous avions quitté la « Grande Maison » et Nanny s'est installée à l'autre bout de la ville, avec ma tante Sarah et ma tante Munch, dans une maison à plusieurs niveaux sur Lewis Avenue. Elle n'était pas aussi grande que la précédente, mais faisait tout aussi bien l'affaire. Elle avait un grand jardin et le quartier était très calme.

Tout comme avant dans la Grande Maison, nous nous y réunissions après les cours. Nos années d'adolescence ont été d'autant plus intéressantes qu'il n'y avait pas de véritable surveillance adulte la plupart du temps. La demeure était confiée à Little Rall et Thomas, autant dire que c'était comme s'il n'y avait personne. On buvait discrètement l'alcool du bar et on le remplaçait par de l'eau. Mes tantes n'en consommaient pas souvent, alors elles ne s'en sont jamais rendu compte. On regardait les chaînes interdites sur le câble, on jurait et on faisait tout ce qu'on n'avait pas le droit de faire. C'était la maison de la puberté. Au premier poil pubien, le premier signe que nous « devenions des hommes », on se tapait dans la main en se félicitant.

Bien sûr, ce n'était pas comme ça tout le temps, puisque Nanny et mes tantes vivaient là. Mais nous connaissions assez bien leur va-et-vient pour trouver des moments où faire nos bêtises. C'était notre second foyer, et je trouvais génial qu'on ait tous l'occasion de grandir comme des frères plutôt que juste des cousins.

Mon moment préféré a aussi été celui où j'ai appris la plus importante des leçons, celle que je continue à appliquer aujourd'hui : comment prendre soin de mes aînés. Je regrette qu'on ne nous l'enseigne pas plus quand on est enfant, surtout aux enfants noirs qui s'occuperont inévitablement de leurs parents et grands-parents vieillissants.

Nous nous trouvions dans le petit salon de l'entresol, au fond de la maison. Un couloir menait à la chambre de Nanny. Nous regardions tous la télé quand elle a crié :

« Thomas, viens là tout de suite ! »

Thomas s'est levé et a traversé le couloir jusqu'à sa chambre. Il l'a ouverte et a poussé un hurlement, pas de peur, plus du genre « *OMG !* ».

Bien sûr, curieux comme nous étions, nous nous sommes précipités. Nanny se trouvait là dans sa gaine, avec ses bas. Elle avait besoin d'aide pour se déshabiller. La réaction exagérée de Thomas m'a fait rire, Rall aussi s'est détourné en riant. Moi, je la voyais souvent en petite tenue.

Vous voyez, Little Rall et Thomas étaient revenus habiter chez Nanny depuis peu, alors ils n'avaient pas autant l'habitude de l'aider que moi. Ça faisait des années que j'aidais ma grand-mère à s'habiller et se déshabiller, déjà, alors ce n'était rien. Eux, par contre, ils étaient sous le choc.

Aider Nanny exigeait plusieurs étapes. Elle n'arrivait pas toujours à fermer sa gaine dans le dos, alors il fallait s'en charger pour elle. Elle avait aussi survécu au cancer du sein, deux fois, et avait subi une double mastectomie, ce qui signifiait retirer les deux seins artificiels. Mais c'était une guerrière, alors ses cicatrices de bataille ne la rendaient que plus assurée. Elle avait des cônes qui lui permettaient de rembourrer son soutien-gorge. Parfois, je l'aidais aussi à les enfiler.

Nous étions donc tous là, et Thomas a lancé :

« Nanny, habille-toi ! Je veux pas te voir en sous-vêtements ! »

Elle a répliqué :

« Il va falloir que tu t'y fasses. Un jour, tu devras peut-être m'essuyer le derrière. »

On s'est tous écroulés de rire, elle y compris. C'était toujours comme ça, chez nous. Nous étions en famille, et elle avait beau être notre matriarche, parfois elle faisait aussi partie des garçons. « S'amuser avec ses petits », disait-elle. On a fini par se calmer et je suis allé l'aider. J'ai attrapé la robe qu'elle portait à la maison. Je crois qu'on appelle ça une robe mission.

Elle m'a remercié et s'est mise au lit pour regarder la télé. Je suis retourné auprès de mes cousins. On a tous rigolé encore une fois, et ils ont dit qu'ils devraient se réhabituer à vivre avec elle.

« Un jour, tu devras peut-être m'essuyer le derrière. »

C'était un sermon. Ces mots sont devenus les plus puissants qu'elle ait jamais dits avant cet instant, et ils sont restés gravés en moi depuis. Il y a une vérité, dans cette phrase. Je ne sais pas quand une famille devrait aborder ce sujet avec les enfants et petits-enfants, celui qu'un jour « l'enfant devient le parent ». Mais pour nous, c'était la première leçon, et aucun de nous ne l'a oubliée, je crois.

Ça m'a fait réfléchir à un autre moment où je n'étais pas prêt à tenir ce rôle. À 10 ans, quand ma mère a eu sa première opération du cerveau. Je me souviens très bien de cette intervention, des mois qui l'ont précédée et qui l'ont suivie. Elle a survécu, mais les adultes ne voulaient pas qu'on la voie dans cet état, alors nous vivions chez notre grand-mère pendant sa convalescence. Quelques semaines après, nous avons enfin eu le droit de la voir, quand elle est rentrée à la maison. Je me souviens qu'elle avait des agrafes sur le côté de la tête. J'ai ouvert les yeux grand comme des soucoupes.

Elle a vu à nos expressions que nous étions terrifiés, elle nous a promis qu'elle allait bien. C'était merveilleux de retrouver ma mère. Mais que seraient mes responsabilités, à partir de cet instant ? Que savait un enfant de 10 ans sur le fait de prendre soin d'un parent ? À l'époque, je ne faisais déjà pas grand-chose moi-même, à part me servir des céréales et quelques corvées dans la maison. Ce n'était pas à mon frère ou à moi, en tant qu'enfant, de tenir ce rôle.

La famille a décidé que ce n'était pas le moment que l'enfant devienne adulte. Ma mère serait hors service pendant plus de six mois. Ma grand-mère et ses amies de l'église se sont occupées d'elle. Elles ont cuisiné, fait le ménage et se sont assuré que nous allions à l'école tous les jours. Elles nous ont emmenés à l'école tous les jours. Nanny a quasiment emménagé dans la chambre d'amis. Ma famille a toujours ouvert une voie dans ce qui paraît un cul-de-sac. Heureusement, ils ont fait en sorte que les enfants restent des enfants.

Toutefois, arrivé à l'âge de 15 ans, je tenais déjà un peu plus ce rôle de parent. La sœur de Nanny, tatie Evelyn, m'a demandé de l'aider avec son mari, oncle Lester, qui avait souffert d'un AVC et ne pouvait plus faire grand-chose par lui-même. Parfois, elle avait besoin de faire des courses et m'appelait pour que je reste avec lui.

Au début, c'était curieux, car tous mes oncles et tantes ont proposé de s'en charger, mais elle ne voulait pas. C'était à moi qu'elle demandait de l'aide, et je le faisais avec plaisir. La première fois, ma mère a voulu s'en assurer. Je lui ai répondu : « Oui, c'est mon oncle. C'est mon devoir. »

Elle me déposait et je restais à ses côtés quelques heures. Tatie Evelyn me payait et je rentrais chez moi.

À l'époque, je n'ai pas réalisé à quel point c'était une grande responsabilité. S'occuper de nos aînés est une véritable bénédiction. Ce sont nos ancêtres vivants, et par une action ou une autre, ils nous ont ouvert la voie. C'est le moins que nous puissions leur rendre.

Nanny était sincère en disant qu'un jour, nous aurions à lui essuyer le derrière.

Le 23 juillet 2018, nous étions tous dans la salle d'attente de l'Overlook Hospital à Summit, dans le New Jersey. Quelques jours plus tôt, les médecins avaient annoncé qu'ils avaient trouvé une tumeur à ton cerveau, Nanny. C'était une forme rare de cancer connu sous le nom de glioblastome, et il faudrait opérer pour l'enlever. Moi, je venais de rendre ce livre, et la fin de ce chapitre était bien différente. Ce que tu avais dit en plaisantant bien des années plus tôt se réalisait.

En août, j'ai pris une semaine de vacances pour m'occuper de toi en l'absence de ma mère et mes tantes. Je t'ai emmenée à ta première série de radiothérapie et de chimiothérapie. J'ai préparé ton petit-déjeuner et je t'ai aidée à t'habiller au quotidien. J'ai mesuré ton insuline et je t'ai piquée trois fois par jour. Je t'ai même aidée à te doucher et j'ai changé le pot de chambre à côté de ton lit. Pas un seul moment je ne l'ai regretté. Je mettais en application la leçon que tu m'avais apprise vingt ans plus tôt.

Et à cet instant, je sais pourquoi ce chapitre définit tout le livre. Sans toi, il n'y en aurait pas eu. Il n'y aurait pas d'histoire et je ne serais pas devenu cette personne qui la raconte, si tu n'avais pas été là pour guider mon navire. Pour me protéger sur le chemin de l'enfance à l'adolescence, jusqu'à devenir un adulte. Même dans tes moments les plus sombres et lorsque tu avais le plus peur, tu m'as dit que ton seul regret était de nous quitter.

Si le reste du monde devait retenir quelque chose de toi et de cette histoire, c'est que l'amour est inconditionnel. Que prendre soin de quelqu'un qui l'a fait pour vous est l'une des choses les plus puissantes et transformatrices au monde. En me sauvant, tu m'as permis, tu as permis à mes mots et à notre histoire de sauver d'autres personnes, car au bout du compte, le sujet au cœur de tout, c'est la narration.

Quand j'ai signé le contrat pour ce livre, je n'arrêtais pas d'imaginer qu'au lancement, je lirais un chapitre sur toi. Tu serais là, dans ton costume du dimanche, à sourire comme toujours. Je ne sais même pas si tu en verras l'aboutissement.

Cette leçon avant de mourir reste vraie, pourtant. Malgré tout ce que j'ai vécu en tant que personne noire queer, je dois encore trouver le moyen de partir sans véritable regret, comme toi tu l'as décidé. Nous avons encore des souvenirs à créer, mais je sais que le dernier chapitre arrivera un jour.

Juste après Noël en 2018, nous avons planifié ton enterrement tous les deux. Mais sans larmes. C'était toi. Dans ton élément. Qui contrôlait ce que tu pouvais toujours contrôler. Ce jour-là, tes mots ont été :

« J'ai accepté que ce cancer m'emporte un jour. Je ne dis pas que je vais partir demain, mais je veux mettre mes affaires en ordre. »

Le cancer s'est attaqué à un de tes seins dans les années 1980 et tu l'as vaincu. Puis il s'est attaqué au second dans les années 1990 et tu l'as encore vaincu. Il s'est attaqué à ton poumon dans les années 2000 et tu l'as vaincu une troisième fois. Maintenant, il est dans ton cerveau. Là où tu ne peux pas le combattre. Mais il ne sait pas que tu es une divinité. Bientôt, il fera moins le malin, car tu iras là où il ne pourra plus jamais t'atteindre.

Je contrôle ce qui est en mon pouvoir. Je mets mon énergie dans ce que je peux changer et pour le reste, je prie. Et comme tu l'as dit, je vis ma vie sans regret. Il nous reste encore du temps à passer ensemble. Et nous aurons toujours nos souvenirs. Merci.

Janet Johnson, George et Andrea Nelson
à leur célébration de fin du lycée

ACTE 3

L'ADOLESCENCE

CHAPITRE 11

C'EST NORMAL, C'EST UN GARÇON

J'ai hésité à écrire à ton sujet, puisque tu es mort. S'il était important de préserver ton souvenir, alors cette histoire changerait le regard des gens sur toi. Mais j'ai discuté avec tante Sarah pendant que je me préparais à écrire, et elle m'a aidé. Elle m'a dit qu'il était de mon devoir de raconter mon histoire, tout entière. Nous protégeons souvent ceux qui nous ont fait du mal, malgré la souffrance que cela nous cause.

J'ai hésité à écrire à ton sujet, puisque tu es mort.

Mais j'ai parlé de toi à « mon oncle ». C'est à lui que j'avais le plus peur de le raconter, car je savais combien il avait toujours été protecteur envers moi. L'homme qui m'a appris à boxer. Je pensais que c'était un trop gros poids à lui confier.

À ma grande surprise, il a dit qu'il l'avait compris bien plus tôt. De ne pas le raconter tel que c'est arrivé, mais de réfléchir à l'être humain en toi, l'être humain en moi, et ce que nous faisions vraiment. Deux garçons perdus qui ont découvert leur sexualité chez eux.

J'ai hésité à écrire à ton sujet, puisque tu es mort.

Mais j'ai parlé à tout le village, y compris à ma mère et Garrett. Ils m'ont dit oui. Que cette histoire faisait partie de ce qui m'avait construit et que la surmonter m'a aidé à découvrir ce qui m'arrivait. Qu'ils ne changeraient pas de regard sur toi, et qu'ils étaient heureux que je me soucie assez de leur douleur pour leur en parler avant de le faire avec le reste du monde. Ils m'ont donné la confiance nécessaire pour raconter l'histoire la plus difficile que j'aurais jamais à écrire.

J'ai hésité à écrire ton sujet, puisque tu es mort.

Car tu as été le premier des petits-enfants de Nanny à mourir. Mais je sais qu'elle t'aime et qu'elle m'aime, et que rien de ce qui s'est passé entre nous n'y changera quoi que ce soit.

Alors, j'ai décidé d'écrire à ton sujet, puisque tu es mort…

J'avais environ 13 ans quand c'est arrivé. C'était pendant les vacances de Noël, tout le monde se trouvait à la maison. Il s'agissait d'un soir comme un autre jusqu'à ce que le téléphone sonne. Rall et Rasul s'étaient battus chez notre grand-mère. Ils arrivaient à la fin de l'adolescence et malheureusement, ils trouvaient toujours une raison de se chamailler. Notre grand-mère et notre tante y ont mis fin, mais tu as décidé que tu ne voulais pas passer la nuit là-bas. Tu as demandé si tu pouvais venir, ma mère a répondu d'accord.

Tu étais le cousin cool, de quatre ou cinq ans plus âgé. Tu aimais rire, faire des blagues, tout ça. Tu avais emménagé avec Nanny pour terminer le lycée et grandir avec le reste de tes cousins. Tu étais le seul fils d'oncle Bobby, mais vous vous étiez beaucoup éloignés. À l'époque, je ne comprenais pas pourquoi. Maintenant que oui, ça m'a aidé à te comprendre et à changer de regard sur toi. Tu faisais plus d'un mètre quatre-vingt et tu étais plutôt mince. Ta peau était foncée, tu étais beau à bien des points de vue.

Ma mère est allée te chercher. G et moi t'avons attendu, tout excités. On a joué aux cartes tous les trois, regardé des films, et on n'a pas arrêté de plaisanter. On est restés éveillés très tard ce soir-là, à jouer aux jeux vidéo jusqu'à ce qu'il soit temps de dormir. On est tous allés dans notre chambre, à G et moi. On avait un lit superposé à l'époque, mon frère dormait tout en haut, toi et moi en bas.

Tu as chuchoté :

« Matt, tu dors ? »

J'ai répondu oui, tu as dit :

« Chut, ne fais pas de bruit. »

En haut, G a demandé :

« De quoi vous parlez ? »

Et toi :

« Boucle-la et dors ! »

On a tous rigolé.

Tu as attendu quelques minutes avant de demander à nouveau :

« Matt. Tu dors ? »

Cette fois, j'ai chuchoté aussi.

« Non. »

Plus fort, tu as appelé :

« Garrett. Garrett ! »

Il n'a pas répondu. Il ne mettait jamais longtemps à s'endormir, et il dormait comme une souche. Tu m'as demandé :

« Tu sens ?

— Oui. »

Mais j'ai ri et dit :

« Enlève ta main de mes fesses. »

Tu as gloussé.

« C'est pas ma main.

— Menteur. »

Tu as alors mis les deux mains sur mes hanches. Quelque chose de dur me touchait.

À ce moment, tu étais complètement érigé. J'étais nerveux.

« On va avoir des problèmes.

— Tu le dis à personne, d'accord ? Promets-moi que tu le diras à personne ? »

J'ai promis. Alors tu m'as pris la main pour que je le touche. Je n'avais jamais touché de pénis qui n'était pas le mien. Je savais qu'on n'aurait pas dû faire ça. Les cousins ne sont pas censés se toucher comme ça. Mais mon corps n'a pas réagi de cette façon. À l'intérieur, il se passait quelque chose aussi.

C'était cette même sensation à 7 ans, quand je savais que j'étais différent. À 10, quand je voulais jouer à la corde plutôt qu'au football américain. La puberté était arrivée, et avec elle tous ces sentiments dont j'avais toujours eu peur et pourtant rêvé. À l'époque, je savais qu'on n'avait de relations qu'avec le genre opposé. Je n'aurais jamais songé qu'un jour arriverait où je pourrais explorer ce que je ressentais en moi. Et j'avais beau l'avoir rêvé, tu n'étais vraiment pas la personne avec laquelle je l'avais imaginé.

À ce moment-là, nous nous touchions tous les deux. J'ai fait de mon mieux pour ne pas aimer, parce que tu étais mon cousin. Nous franchissions une frontière que la famille ne devrait jamais traverser. Mais ça semblait tellement naturel pour quelqu'un qui s'était toujours senti décalé. Savoir que quelqu'un d'autre ressentait ce genre de chose confortait tout ce qui se passait en moi. Je savais que c'était réel. Mais qu'on le fasse en secret, ça signifiait aussi que personne ne l'accepterait. Surtout pas ta petite amie.

Puis tu m'as dit de me lever sans faire de bruit, qu'on descendait quelques minutes. J'étais nerveux, et tu l'as vu. Tu n'arrêtais pas de répéter : « Matt, tout va bien. Fais-moi confiance. Tu sais que je ne te ferais jamais de mal. »

Jusqu'ici, tu ne m'avais effectivement jamais rien fait de mal et tu étais même l'un de mes cousins les plus proches. Je t'adorais. Je savais que tu me défendrais contre vents et marées. Tu étais bien connu pour tes prouesses à la bagarre, car on disait aussi souvent de toi que tu étais gay, alors que tu étais toujours sorti avec des filles.

J'ai fini par me lever et tu m'as vite suivi. Nous sommes descendus au sous-sol. Ce n'était pas une cave. Il était complètement aménagé et rénové, avec un grand écran, des canapés et un bar. C'était la salle de jeux, où ma famille se rassemblait.

Tu as allumé la télé, pas trop fort, juste pour qu'on l'entende. Tu as mis BET, la chaîne sur laquelle des clips étaient diffusés de minuit à 6 heures du matin. Il était environ 3 heures quand nous nous sommes tous les deux assis devant. J'étais silencieux, toujours nerveux. Je n'avais jamais rien fait de sexuel avec quiconque jusqu'à ce moment, alors que mes amis au collège n'arrêtaient pas de dire qu'ils avaient perdu leur virginité.

Nous sommes restés là pendant une dizaine de minutes avant que tu te lèves enfin. Tu m'as fait me lever aussi. À l'époque, tu étais beaucoup plus grand que moi, une bonne trentaine de centimètres. Tu m'as dit de retirer mon bas de pyjama. J'ai obéi. Tu as enlevé ton short, puis ton boxer. Tu étais complètement érigé. Tu m'as dit :

« Lèche-le. »

Au début, j'ai rigolé et refusé. Alors tu as déclaré :

« Allez, Matt, lèche-le. C'est ce que font les garçons comme nous quand on se plaît. »

Je t'ai enfin écouté.

Tout ce temps, je savais que c'était mal, pas parce que j'avais des relations sexuelles avec un garçon, mais parce que tu faisais partie de ma famille. Ça n'a duré que quarante-cinq secondes avant que tu m'arrêtes. Puis tu t'es mis à genoux et tu m'as dit de fermer les yeux. Et tu m'as fait une fellation à ton tour. C'était le sentiment le plus bizarre au monde. Malheureusement, je n'avais pas de guide de la sexualité queer. Le cours accéléré se déroulait devant moi et, malgré le sentiment de culpabilité, il y avait aussi une certaine euphorie. Il se passait des choses en moi que je ne pouvais expliquer. Des sensations et des émotions dont je n'avais pas imaginé l'existence. Au bout d'une minute, tu t'es arrêté. Tu m'as allongé sur le sol et tu t'es mis sur moi. Tu as commencé à te frotter sur moi, d'avant en arrière, mais sans pénétration. Ce n'étaient que nos corps l'un sur l'autre, qui ont fait des va-et-vient pendant plusieurs minutes.

À la télé, Aretha Franklin chantait *A Rose Is Still a Rose*. Quelle ironie, cette chanson qui jouait en fond, au sujet d'une fille qui se fait déflorer par un homme qui se sert d'elle. Quelle ironie que je sois allongé au sous-sol.

Tu as fini par te lever et tu m'as enjoint de t'accompagner dans la salle de bains, que tu voulais me montrer une dernière chose. Tu as allumé la lumière et fermé la porte. Tu as commencé à te masturber devant moi. Je suis resté là, nerveux, parce que je ne savais pas à quoi m'attendre ensuite. Tu as dit : « Regarde, c'est tout, Matt. »

Alors je t'ai regardé pendant quelques minutes.

Puis tu as commencé à gémir doucement. J'ai reculé parce que je ne savais pas ce qui allait suivre, puis c'est arrivé. Tu as éjaculé dans les toilettes devant moi. À l'époque, je n'avais aucune idée de ce qui se passait durant les relations sexuelles, surtout parce que je fuyais le sujet. Je savais que les filles ne m'attiraient pas, et la première chose qu'on vous demandait quand on abordait le sujet, c'était si « tu baises ou pas ». Et non. À l'école, on nous enseignait le strict minimum, alors il y avait beaucoup de choses que j'ignorais.

Te voir éjaculer a été un choc. Tu m'as dit :

« C'est du sperme. Un jour, quand tu seras tout seul, tu devrais faire la même chose jusqu'à ce que tu ressentes un truc que t'as jamais ressenti et que tu jouisses. »

Je t'ai regardé et j'ai répondu :

« Je peux pas, je suis pas assez grand. »

Tu as ri.

« Bien sûr que si, Matt. Vas-y, essaie. »

À ce moment-là, la peur m'avait envahi et on avait dépassé tant de bornes que j'ai enfin dit :

« Je veux pas.

— Pas de problème. Allez, on va se coucher. »

On est remontés et on s'est recouchés. Tu t'es tourné vers le mur et je suis resté assis là. Pendant des heures. Jusqu'à ce que le soleil se lève, sans savoir ni quoi faire ni quoi dire ni comment affronter mes parents. Je me suis enfin endormi au petit matin. Je me suis réveillé quelque temps plus tard, après toi. Tu étais toujours dans le lit à côté de moi, mais tu visionnais la télé. Je me suis retourné, je t'ai regardé et tu as dit :

« T'as pas oublié ta promesse, Matt ?

— J'en parlerai à personne. »

Et je me suis tu. Cette nuit est restée notre secret.

L'aspect secret du sexe est devenu normal pour moi. Deux semaines après cette nuit-là, je me suis masturbé pour la première fois. Et tu avais raison. J'étais assez grand pour expérimenter cette sensation que j'apprendrai plus tard être un orgasme. J'avais beau savoir que ce qui s'était passé avec toi était mal, je savais aussi désormais sans aucun doute que j'aimais les garçons. Et qu'avec la puberté, il faudrait que j'enfouisse ces sentiments encore plus profondément. Peu de temps après, arrivé en troisième, je me suis retrouvé au milieu d'adolescents sexuellement actifs.

Alors, j'ai enfoui. Je restais moi, ce garçon efféminé qui savait faire du sport, balancer des vannes et gérer le léger harcèlement scolaire que je subissais à l'époque. Mais malgré tous mes efforts, ça se voyait que je n'aimais pas les filles. J'ai quand même continué à faire semblant, et ça ne me gênait pas d'être vierge. Je n'étais pas prêt à avoir des relations sexuelles, et le cours accéléré qui m'y avait introduit avait été une source de culpabilité plutôt que d'envie d'essayer avec un inconnu.

Malheureusement, ma confiance allait encore une fois être brisée et ma volonté mise à rude épreuve. Cette fois, dans les toilettes du lycée. Je me rappelle qu'il était environ 13 heures et j'avais demandé au prof si je pouvais y aller. J'ai traversé le couloir jusqu'aux toilettes les plus proches. Parce que c'était pendant les heures de cours, il n'y avait que moi, du moins je le croyais.

J'ai descendu ma fermeture Éclair et je me suis soulagé dans l'urinoir du fond. Il s'est écoulé environ dix secondes avant que je sente quelqu'un derrière moi. Au début, je me suis figé, car je ne savais pas ce qui se passait. Il a mis les deux mains autour de moi, puis les a baissées pour toucher mon sexe. Un frisson m'a parcouru. Je ne savais pas de qui il s'agissait, mais je savais qu'on m'agressait.

J'ai tout de suite arrêté d'uriner, je me suis retourné et je l'ai repoussé. C'est un garçon que je vais nommer Evan. Nous n'étions pas amis, mais je savais qui il était. Nous étions du même niveau et nous avions eu des cours en commun.

J'ai remonté ma fermeture éclair et j'ai crié :

« Qu'est-ce que tu fous ?

— C'est bon, je déconne. Calme-toi ! a-t-il hurlé en retour.

— Tu déconnes pas comme ça !

— Dis rien à personne, OK ?

— Je dirai rien. Mais casse-toi. »

Bizarrement, c'était un garçon qui avait sa place parmi les gosses populaires, alors qu'on chuchotait sur son homosexualité. Certains de nos camarades l'ont même taquiné là-dessus une fois, mais il a rigolé et il est resté « l'un des gars ». Cette expérience m'a fait savoir officiellement que non, il ne faisait clairement pas partie « des gars » et qu'il réprimait tout autant son identité que moi. Pourtant, il se comportait en agresseur. J'ai aussi compris que nous étions nombreux à nous cacher en plein milieu de tous. Et nous avions beau nous démener, nous nous voyions tous les uns les autres. Nos manières, notre phrasé, notre simple existence exhalaient quelque chose que nous savions différent de la « norme ». Pourtant nous évoluions dans le secret et le silence.

Cette expérience des toilettes m'a complètement fermé à l'idée d'avoir des relations sexuelles avec quiconque. Il s'écoulerait des années avant que j'envisage même de me montrer vulnérable en présence d'un autre. Une vulnérabilité que, aujourd'hui je le comprends, je partageais avec toi, Thomas. À l'origine, je voulais raconter cette nuit telle que moi, je l'ai interprétée. L'interprétation de la culpabilité. Celle qui m'a donné l'impression qu'on avait volé mon innocence. Désormais, je sais que ce n'est pas entièrement ce qui est arrivé, alors ça me laisse plus de questions que de réponses.

J'ai hésité à écrire à ton sujet, puisque tu es mort.

Mais désormais, je comprends pourquoi tu as fait ce que tu as fait, et que tu n'as jamais pu raconter ton histoire. Tu cherchais de l'amour tout comme moi je cherchais quelqu'un qui me ressemblait. Tu as dû regarder ton père m'adorer pour les mêmes raisons qu'il peinait à t'aimer. J'imagine qu'un jour, quand tu étais plus jeune, il n'y a eu personne pour te protéger de la violence que tu as dû subir.

Si tu étais encore parmi nous, je ne te détesterais pas, parce qu'aujourd'hui, je ne te déteste plus. Je te demanderais simplement :

« Est-ce que quelqu'un t'a fait du mal ? Est-ce que quelqu'un t'a poussé à explorer ta sexualité avant que tu y sois prêt ? Qui t'a appris à aborder le sexe d'une façon que tu n'étais pas prêt à comprendre, qui t'a fait croire que tu devais me l'enseigner, pour que je sache de qui me méfier ? »

Cette nuit-là, je t'ai fait confiance, parce que tu as dit que tu ne me ferais pas de mal. Malgré toute la déception et la colère que j'ai ressenties à ton sujet une partie de ma vie, aujourd'hui il n'y a plus que du chagrin. Personne n'était là pour te sauver quand tu en avais besoin. Je ne dis pas que je cautionne ce que tu as fait. Je dis que je comprends désormais les choses d'un point de vue qui ne se concentre pas sur mon propre traumatisme. J'ai créé un espace où j'ai de l'empathie pour mon agresseur, toi, tout en reconnaissant que j'ai été agressé. Je n'en ai pas la certitude, mais mon instinct me souffle que toi aussi, tu as été une victime. Et tu en as fait une de moi à ton tour. La violence peut être un cycle. Cette nuit-là se trouvait dans le gris, comme beaucoup de ta vie. Tu étais un bel esprit et une belle âme disparue bien trop tôt.

Je n'oublierai jamais le jour où on m'a appelé pour me dire que tu avais été tué, alors que tu défendais ta cousine contre des types qui la menaçaient. Ils t'ont traité de p*****, et tu les as mis à terre, un par un jusqu'au troisième, dont l'orgueil masculin ne supportait pas de perdre contre une p*****, alors il t'a tué. Je n'ai pas pleuré. Je souffrais encore de ce qui s'était passé cette nuit-là et j'essayais de comprendre ce que tu avais fait. Mais je suis content d'y être parvenu, car je peux enfin pleurer pour toi. Pour le petit garçon qui voulait qu'on l'aime pour ses manières efféminées, comme moi.

Je sais combien il est important de raconter notre histoire à une génération de jeunes explorateurs queers, qui doit connaître ta vérité et la mienne. Tu étais un garçon auquel le bleu n'allait pas et durant les vingt-neuf ans de ta présence, tu as vécu dans le gris. Cette nuit-là n'aurait jamais dû se dérouler ainsi. Ta vie n'aurait jamais dû être volée si tôt.

Réfléchis. La même idéologie de masculinité et de virilité qui nous a forcés, toi et moi, à cacher notre identité est aussi celle qui a causé ta mort. La vie peut être ainsi tragique. Aujourd'hui, je peux mettre un point final à cette histoire, sur cette page. J'espère que cette histoire libérera quelqu'un d'autre qui, peut-être, souffre de culpabilité après avoir été agressé.

Cette histoire est compliquée, mais je ne veux pas qu'on s'y trompe. J'étais adulte quand j'ai pu ressentir de l'empathie pour mon cousin, un choix que j'ai fait en analysant et comprenant ce qui s'est passé cette nuit-là. Je le répète : ce qu'il a fait était mal, et j'étais une victime. On n'est en rien obligé d'éprouver de l'empathie pour son agresseur. Par contre, ce doit être une obligation de lui demander des comptes.

CHAPITRE 12

LES ROIS DU BAL QUE NOUS N'AVONS JAMAIS ÉTÉ

« Bip... Bip... Bip... Bip... »
Bam.

En général, au cinquième bip, je comprenais que je ne rêvais plus et qu'il était l'heure d'aller au lycée. Je me réveillais à 5 h 45 tous les matins, c'était aussi mon travail de mettre tout le monde en route. Je me préparais le premier, puis je réveillais ma mère et je me battais pour lever mon petit frère. Mon père arrivait toujours en dernier, mais il partait au travail après tous les autres.

On était le 11 septembre 2001, le premier jour de mon année de première. À ce moment-là, j'étais bien intégré à la toile de mon école, alors j'avais hâte d'y aller et de commencer l'année. En seconde, j'avais fait partie de l'équipe d'athlétisme et de bowling (non, il n'y avait pas beaucoup de gosses noirs enthousiasmés par le bowling). Alors j'avais pu me faire des camarades en dehors de mon cercle d'amis noirs.

Je n'étais plus parmi les plus jeunes. Je ne cherchais plus ma classe d'un air perdu. Je n'étais plus stressé par les élèves plus âgés. J'étais enfin en première, ce qui signifiait un pas de plus vers la terminale, elle-même un pas de plus vers le moment où *je me tirerais de Plainfield* !!!

Je suis sorti de la maison dans mon uniforme. Un polo bordeaux à manches courtes, un pantalon de toile gris assorti à mes Timberland, qui se trouvent toujours chez mes parents aujourd'hui, car on ne jette jamais rien. J'ai vite remonté Sloane Boulevard jusqu'à la rue principale de Park Avenue, puis j'ai traversé la route jusqu'à mon arrêt, juste en face de l'église Saint-Mark. Sur leur pelouse, j'avais participé à plusieurs marchés aux puces avec Nanny.

Le bus arrivait tous les jours vers sept heures et demie. Puis il y avait un trajet d'un quart d'heure à travers la ville voisine de South Plainfield, jusqu'à Edison, en passant devant le golf et par les bois, avant d'arriver à destination. En troisième, ce trajet n'avait rien eu de notable. Je ne connaissais personne dans le bus, alors ce n'était pas comme si j'avais eu un compagnon de siège attitré. Ça n'avait été qu'un trajet tranquille de la maison au lycée et retour, le regard perdu par la vitre pour passer le temps.

Désormais, je connaissais le trajet du bus et tous les autres passagers. Au lieu de rester dans mon coin, j'ai commencé ce premier jour par des potins et des discussions sur la pluie et le beau temps. Il y avait l'équipe habituelle. Mes amies Janae, Shombai et quelques autres de la ville. Et puis ce garçon...

Je ne l'avais encore jamais vu. Il avait la peau claire et les cheveux ondulés. Il faisait à peu près ma taille, mon poids, ce qui à l'époque était un impressionnant mètre quatre-vingt pour soixante-cinq kilos tout mouillé avec des briques dans les poches. J'étais maigre, c'était le moins qu'on puisse dire. Puisqu'il prenait le bus pour la première fois, j'ai pensé qu'il devait être en troisième. Il me rappelait un peu moi.

Il était assis trois rangées derrière. Je n'ai pas arrêté de le regarder, ce premier jour. Il me regardait, je le regardais, mais aucun d'entre nous n'a parlé, au début. C'était très bizarre. Comme si j'étais face à quelqu'un que j'avais toujours connu. Son maniérisme, son attitude... J'avais l'impression que pour la première fois, je rencontrais quelqu'un comme moi dans ma tranche d'âge.

Durant toutes mes expériences précédentes, j'avais été spectateur, que ce soit dans le cas de Hope ou de G.G. Ça, c'était quelque chose de plus présent. Ça ne ressemblait en rien à ce qui s'était passé avec Evan. À cet instant, j'ai arrêté de me sentir seul au cours de *mon* voyage. Comme auraient dit Nene et Kandi dans *The Real Housewives of Atlanta*, « NOUS NOUS

VOYONS ». En plus, il était mignon. En plus, il est toujours mignon. (Et il lira ces mots.)

Il scrutait les rangées pour identifier les autres. Restant dans son coin tout en tendant l'oreille pour déterminer de quoi on parlait. Je ne savais pas qui il était, mais je n'allais certainement pas faire l'effort de demander. Je faisais partie des grands, maintenant. Et j'étais timide avec les garçons, tant que je ne m'étais pas forgé une opinion.

Quand je l'ai vu pour la première fois, j'ai ressenti une sorte de timidité gauche. Ce sentiment d'être immobilisé. Est-ce que je dis quelque chose ? Est-ce que je me tais ? Je suis resté assis. Et je l'ai dévisagé. Enfin, pas complètement, mais un coup d'œil en coin. Un regard puis un « oh merde, il m'a vu », suite à quoi je faisais semblant que je ne regardais pas. Tout ça pour revenir à lui et m'interroger sur son identité.

Une chaleur m'a brûlé la nuque et les joues, de la sueur a perlé sur mon front. Je bloquais. Ce garçon me plaisait déjà. Moi qui pensais que tout ce que j'avais à faire, c'était aller en cours, avoir de bonnes notes et faire de mon mieux pour m'intégrer jusqu'à pouvoir me tirer, j'affrontais désormais ma plus grande peur : j'avais un *crush*.

Ce jour-là, ce trajet de quinze minutes m'a donné l'impression de durer quinze heures. Je ne pouvais pas m'empêcher de le regarder. Je n'avais jamais été aussi heureux d'arriver au lycée. J'ai sauté du bus aussi vite que possible pour retrouver mes amis.

Je traînais régulièrement avec une petite bande de filles. Janet et Lee-Ann étaient mes meilleures amies au lycée. On avait plusieurs cours en commun et on s'entendait très bien. C'était agréable d'arriver au lycée et d'y retrouver les personnes sur lesquelles je pouvais vraiment compter. Les filles ne m'ont jamais interrogé sur mes différences. Elles appréciaient mes répliques cinglantes, celles qui rendraient célèbres mes commentaires sociaux une fois adulte. Concrètement, je taclais[1] avant que ça devienne populaire.

Malheureusement, je n'oublierais jamais ce premier jour de lycée pour une tout autre raison. Il était environ 10 heures quand une annonce a été diffusée par les haut-parleurs.

« À tous les élèves, ne sortez pas de vos classes avant d'y être invité. »

Le World Trade Center avait été attaqué et cette dévastation avait déclenché le chaos.

Le lendemain matin, le monde se trouvait en état de choc. C'était comme savoir que la vie devait continuer malgré les évènements de la veille, sans savoir ce que cela signifiait vraiment. Ma routine était la même. Réveil à 5 h 45. Douche. La longue marche jusqu'à Park Avenue. Le bus est arrivé comme tous les matins, je suis monté. Et le garçon était à nouveau là. Et moi, je l'ai à nouveau regardé, puis j'ai baissé les yeux. Je l'ai encore regardé, et j'ai tourné la tête. La même

1. *Reading*, terme spécifique à la culture queer américaine.

routine que la veille, comme si rien n'avait changé. Mais si : le 12 septembre, j'ai enfin dénoué le nœud dans ma gorge.

« Salut. Je m'appelle George.

— Salut, moi, c'est Zamis. »

Nous avons alors engagé la conversation et nous en avons appris un peu plus l'un sur l'autre. Une conversation tout à fait banale en son genre.

« Tu allais où, avant ? » et « Tu habites dans quel quartier ? »

Vraiment banale, parce que le seul fait de trouver le courage de lui parler m'avait rendu les mains moites. C'était génial de discuter enfin avec quelqu'un qui me ressemblait, pas le plus masculin, mais pas le plus féminin. On pourrait dire que j'avais des « papillons » dans le ventre. Ce n'était qu'un type sympa. Je n'étais qu'un type sympa. À cet instant, nous n'étions que deux types sympas, et ce que nous « étions » n'avait pas d'importance.

À partir de ce jour, Zamis et moi sommes devenus de bons copains. Nous nous voyions tous les jours dans le bus et nous parlions de temps en temps entre les cours. Parce que j'étais deux classes au-dessus de lui, nos emplois du temps ne s'accordaient pas tout à fait, alors nous n'avions pas vraiment le temps de construire une amitié durable, mais ça me suffisait.

Malgré tout, mon *crush* n'a pas disparu. J'avais du mal à ne pas voir mon reflet en lui. Je savais qu'il souffrait probablement des mêmes problèmes que moi au sujet de la sexualité. Je regrette de ne pas avoir fait confiance à cette impression, de ne pas en avoir discuté avec lui.

Toutefois, savoir que quelqu'un vous ressemble ou même partage la même identité sexuelle, c'est très différent quand aucun d'entre vous n'est « out ». Comment confier votre plus gros secret ? Et si je lui disais que j'étais gay, et qu'il me répondait que lui non ? Et s'il racontait tout aux autres au lycée ? Ça me bloquait.

Une fois, j'ai failli le révéler. À l'époque, avant les textos et Google Chat, nous avions tous tes comptes AOL dont nous utilisions la messagerie instantanée, AIM. Un jour, en terminale, on était sur AIM ensemble. On a commencé à discuter de nos journées, de ce qu'on pensait du lycée. La pluie et le beau temps.

Toutefois, dans les messages, il semblait y avoir une sorte d'interrogation. Il me posait des questions sur le bal de promo, sur le fait de sortir avec quelqu'un, jusqu'à celle que j'appréhendais. Elle est arrivée :

« Est-ce que t'es gay ? »

Je me souviens, quand j'ai vu ce message, une vague de chaleur m'a balayé. J'ai fait ce que j'ai toujours fait, répondu comme toujours :

« Non. Et toi ?

— Non. »

Je regrette de ne pas avoir dit oui, ce jour-là. J'en avais tellement envie, mais je savais que je n'y survivrais pas. Je n'en avais encore jamais parlé à personne. C'est quelque chose que je gardais enfermé au fond de moi. Quelque chose que j'avais décidé de gérer tout seul. Mais parfois, j'aurais voulu que la bonne personne pose la question. Un cousin ou une tante. Cette question n'est jamais venue. Et aurais-je seulement reconnu qu'il s'agissait de la bonne personne ?

Nous sommes restés amis jusqu'à ce que je parte à l'université en Virginie. Il lui restait deux années de lycée, et tout ce que je voulais, c'était me tirer du New Jersey et y laisser tous les amis que je m'y étais faits. Nous avons perdu contact. Ça paraissait mieux comme ça.

Il s'est écoulé quatre ans avant que je le revoie. J'avais 20 ans et je participais à ma première marche des fiertés, un week-end à Washington DC. C'était le dernier soir, un dimanche, et je cherchais mes amis. Nous étions dans un club gay et le dernier titre de LeToya Luckett, *Torn*, venait de finir. Elle a fait partie de Destiny's Child avant la séparation du groupe, une artiste en solo fantastique, néanmoins.

Et il était là. Zae. Beaucoup plus grand, un peu plus carré. Il a souri quand il m'a vu, je lui ai rendu son sourire. On s'est rejoints, étreints, et on a ri de ce qu'on a toujours su l'un sur l'autre, sans jamais le dire. Il était beau. Vraiment, vraiment beau.

Je me souviens avoir parlé quelques minutes. Je crois qu'il avait déménagé à Baltimore, à ce moment-là. Je vivais à Richmond, en Virginie, à deux heures de chez lui. J'ai passé les meilleures minutes de mon année jusque-là. Nous avons échangé nos numéros, nous nous sommes promis de rester en contact, puis nous nous sommes séparés.

Après toutes ces années, nous sommes toujours amis. On discute de temps en temps sur Facebook et on répond aux publications de l'autre par des blagues graveleuses. Chaque fois qu'on parle, c'est comme si on se trouvait à nouveau au lycée. Parfois, je me demande ce qui se serait passé si nos chemins s'étaient croisés au bon moment. Si j'avais été assez courageux au lycée pour lui dire ce que je ressentais. Ou assez audacieux pour poursuivre cette interaction lorsqu'on est tombés l'un sur l'autre dans la boîte de nuit.

Nous ne saurons jamais, mais ce n'est pas grave. Ces regrets d'autrefois sur ce qui aurait pu ou n'aurait pu être ont été remplacés par ce que nous serons à l'avenir.

Amis ? Bien sûr, ça ne changera jamais.

Amants ? Eh, on ne sait jamais.

Soyez audacieux, courageux et queers. Je sais que c'est facile à dire et bien plus difficile à faire. Je sais que certaines personnes n'arriveront jamais vraiment à exprimer leur identité queer de cette façon, pour des raisons de sécurité.

Malgré les obstacles, nous avons l'occasion de dessiner l'avenir. Nous pouvons créer les règles et imposer la forme que prendra l'amour pour les générations à venir. Il ne faut plus que les cases dans lesquelles on nous a forcés à rentrer, Zae et moi, nous volent nos privilèges et nous ferment des portes. Ces mêmes portes par lesquelles nous aurions dû pouvoir exprimer et présenter notre amour, et encore mieux, nous exprimer et nous présenter nous-mêmes.

Aimez qui vous voulez, sans aucune hésitation. Je parle aussi du visage que vous voyez chaque jour dans la glace. Je méritais ce genre d'amour. Zae le méritait aussi. Nous le méritions tous les deux.

Nous aurions dû être les rois du bal.

CHAPITRE 13

ME LIBÉRER OU ME PIÉGER ?

Je me tenais à côté de ma meilleure amie de lycée, Janet Johnson, quand *Pomp and Circumstance*[1] a commencé à jouer. Après des années à assister aux remises de diplôme du lycée et de l'université des membres de ma famille, c'était loin d'être la première fois que je l'entendais. Mais cette fois… Cette fois… elle jouait pour moi.

Janet et moi nous connaissions depuis toujours. C'est drôle que nous ayons été côte à côte à 5 ans, à la maternelle, et que nous quittions le lycée ensemble, côte à côte. Toute ma classe a commencé la marche jusqu'à l'auditorium, devant nos parents. Je me rappelle que je ne voulais qu'une chose : en finir et rentrer à la

1. Marches militaires composées par Edward Elgar, souvent utilisées aux remises de diplômes américaines.

maison où ma famille avait organisé une fête. Nanny cuisinait, et c'était tout ce qui comptait ce jour-là.

La cérémonie ressemblait à n'importe quelle autre. Les discours du proviseur et du proviseur adjoint. Une lecture du conférencier et bien sûr, le discours du major de promo. Je ne me souviens pas de son nom. Mais j'entends encore sa voix. Je n'oublierai jamais la phrase idiote par laquelle il a terminé :

« Félicitations à tous les diplômés, nous l'avons fait pour Tupac et Biggie. »

Un garçon blanc qui parlait de deux artistes de hip-hop noirs assassinés, à la remise des diplômes d'un lycée catholique. C'était le même genre de microagression, le même « je veux être cool » qu'on entendait souvent dans la bouche des adolescents blancs qui voulaient participer à notre culture. Aujourd'hui, on les appelle « les vautours de la culture ».

Tous les élèves blancs se sont confondus en félicitations et ont applaudi d'excitation, alors que la plupart des élèves noirs n'ont fait que soupirer. C'était le dernier moment anti-noir que je voulais subir dans ce lycée. Durant tout le temps que j'y avais passé, ma culture avait été une blague, pour eux, quelque chose avec laquelle ils pouvaient jouer sans jamais subir l'oppression qui pesait sur ses créateurs.

Après cet instant d'imbécillité, il fut enfin temps de monter sur l'estrade et de recevoir mon diplôme. Je me souviens que quand ils ont appelé mon nom, j'ai reçu une bonne salve d'applaudissements à la stupéfaction de ma famille. Tout le monde me croyait timide, ce qui était loin d'être le cas. Le Matt de la maison ne ressemblait en rien au George grinçant et commère que nombre de mes camarades avaient appris à aimer.

À la fin de la cérémonie, nous sommes sortis et ça a été l'heure des photos. Janet et moi en avons pris plusieurs ensemble, pendant que nos parents discutaient. C'est dommage, j'étais persuadé que ce serait notre chant du cygne. Janet poursuivait ses études à Rutgers University, moi à Virginia Union University. Une remarque importante : nous sommes toujours bons amis. À cet âge, il est facile de croire que le temps et la distance mettent fin aux amitiés. Ce n'est vraiment pas le cas.

Beaucoup de monde voulait que je reste dans le New Jersey. La plupart des élèves de cette école préféraient ne pas trop s'éloigner de chez eux. Les universités de Ramapo, Seton Hall, Kean, Rutgers et Fairleigh Dickinson étaient les plus populaires sur les listes de souhaits. Moi, par contre, j'avais eu ma dose du New Jersey. Quelques mois plus tôt, j'avais décidé que je quitterais la maison et que je serais enfin moi-même, du moins ce que je croyais être « moi-même ».

Je m'étais fait cette idée de ma famille, mes amis, ma ville et mon État, qu'ils étouffaient mon identité. Que si je m'éloignais de tout ce que j'avais toujours connu, de tous ceux qui m'avaient connu, je pourrais recommencer de zéro. Une nouvelle ville, des nouveaux amis, une nouvelle compréhension de moi-même. Trouver mon bonheur. Je serais comme les personnages de *Queer as Folk*, vivant ma vie d'adulte comme je l'entendais. Et surtout, « out ».

Mon premier choix avait été l'université du Tennessee. Peut-être parce qu'une de leurs couleurs était l'orange ou qu'elle se trouvait à plus de mille six cents kilomètres. J'avais été accepté avec une bourse avant que ma mère pose son veto.

« Je refuse que tu ailles aussi loin. Je veux bien que tu quittes la maison, mais pour aller quelque part où je peux te rejoindre s'il se passe quelque chose. »

Ça ne m'a pas posé trop de problèmes, parce qu'au fond de moi, je savais qu'elle avait raison.

Aussi loin que je veuille partir, j'étais terrifié. J'avais toujours été du genre à prendre ce que j'appelle des « risques calculés ». Alors déménager dans le Tennessee pour démarrer ma vie queer aurait été hors de question. Je reconnais que dans une université aussi grande, je ne m'en serais pas très bien sorti. De plus, j'étais prêt à plonger à nouveau dans une communauté noire.

Le choc racial du collège au lycée avait été difficile. C'était une chose de gérer son identité sexuelle parmi d'autres enfants noirs. C'en était une autre d'être pris entre des enfants blancs parce que j'étais noir et des enfants noirs parce que j'étais gay. Cette double marginalisation devenait pénible.

Heureusement pour moi, l'année précédente, une de mes cousines était partie faire ses études en Virginie. Virginia Union University est une petite université à

Richmond, avec une longue histoire et beaucoup d'étudiants noirs. Il s'agit de l'une des universités classées Historically Black Colleges and Universities[2] les plus vieilles du Sud.

Elle serait mon nouveau foyer. Je voulais vivre sur le campus, mais Gregory Johnson ne l'entendait pas de cette oreille. Puisque ma cousine y était inscrite aussi, mon père et ma tante avaient décidé qu'il valait mieux louer un appartement hors campus. Tous ces efforts pour fuir la famille, et je me retrouvais au même point. Malgré tout, il y avait quelque chose d'un peu différent, car je n'avais pas la même relation avec ma cousine Stephanie qu'avec Rall, Rasul et ma famille du New Jersey. Ça ressemblait quand même à un nouveau départ. L'immeuble se trouvait derrière l'université, accessible à pied. Le voisinage n'était pas terrible, mais ce n'était pas non plus le pire, alors mon père, un policier, avait donné son assentiment.

Quand je me suis inscrit, j'ai reçu une bourse présidentielle partielle, ce qui signifiait officiellement que George M. Johnson allait enfin se tirer du New Jersey. Je ne perdais pas beaucoup d'amis, car je n'en avais que très peu de proches. Et à ce moment-là, nous avions tous des téléphones portables, alors nous pouvions rester en contact. Je n'abandonnais pas ma famille non plus, puisqu'à Richmond, il y aurait ma cousine,

2. Ou HBCU, littéralement « universités traditionnellement noires », englobant celles fondées avant la fin de la ségrégation en 1964.

mon oncle et tante Crystal, qui y avaient déménagé quelques années plus tôt.

Je n'avais donc que les avantages. Assez de famille pour être heureux. Assez de distance entre ici et chez moi pour enfin explorer ce nouveau voyage vers l'âge adulte. Un âge adulte qui serait vécu hors du placard. Et pourtant toujours dans le placard. Je vous explique.

Bizarrement, dans ma tête, je m'étais imaginé que je serais libre. Comme si en Virginie, je serais gay, et à mon retour dans le New Jersey, je ne serais rien du tout. Je croyais que je ne rentrerais à la maison qu'une vingtaine de jours par an, alors je pouvais facilement être gay tout le reste de ma vie en Virginie, et ma famille finirait par l'apprendre.

Bien sûr, je me berçais d'illusions.

Le plus beau moment de cet été-là, c'est quand je suis tombé amoureux pour la première fois. Elle s'appelait Beyoncé. L'ancienne chanteuse principale de Destiny's Child commençait enfin sa propre carrière. Avant ça, je l'aimais bien, mais je n'étais pas son plus grand fan. Moi aussi, je lui reprochais la séparation de Destiny's Child, un groupe que j'adorais. Après avoir entendu *Crazy in Love* tout l'été et l'avoir vue exploser la scène chaque fois, j'ai décidé d'acheter son disque une semaine avant de partir à l'université.

J'avais hâte de m'échapper du New Jersey et son album m'en a donné l'occasion dans mon imagination. Assis tout seul dans ma voiture, je l'écoutais à fond. Chaque chanson me parlait. Sa féminité était tout ce que je ressentais en moi. Elle était si insolente, si sexy, si puissante. Je voulais être elle. Enfin, pas vraiment être elle, mais je rêvais d'elle. Une fois en Virginie, je voulais être moi et danser sur ses chansons. Je voulais que ce soit MOI qui danse sur ses chansons.

Ma mère et oncle Mack ont chargé le camion et nous avons pris la route. Je me souviens avoir pensé : *Ça y est*. La voiture repartirait sans moi. Ma mère était assise sur le siège avant.

Elle a gardé le silence durant la majorité du voyage. Quand j'y repense aujourd'hui, je sais qu'elle réfléchissait sûrement. Qu'elle s'inquiétait. Qu'elle priait.

L'enfant qu'elle avait élevé et protégé toutes ces années serait désormais seul. À un coup de fil, mais plus seulement un couloir. Plus de compétition d'athlétisme, de course pour aller me chercher à l'école. Elle avait plus ou moins terminé son travail maternel, désormais, et elle allait découvrir à quoi ressemblait la vie sans l'aîné de ses bébés à la maison.

Nous sommes arrivés avec plus de cinq cents autres étudiants le jour de l'inscription. Après tous les vieux épisodes de *Campus Show* que j'avais étudiés, je m'étais attendu à bien pire. Il y a eu un petit accroc avec l'aide financière, mais ça fait partie de l'expérience HBCU.

On a pu remettre les choses en ordre et j'ai été officiellement inscrit.

Nous avons quitté le campus et nous nous sommes dirigés vers l'appartement, à moins de deux minutes. Quand je suis entré, je me suis senti chez moi. Moi, un adolescent de 17 ans avec son propre appartement ! J'avais l'impression que Stephanie et moi vivions en tant qu'adultes. Sans surveillance. Sans heure à laquelle rentrer. Que nous vivions tout court.

Nous avons vidé le camion et fait mon lit. Ma mère m'a aidé à ranger l'appartement. Je me souviens, je croyais qu'ils passeraient la nuit ici, mais non. Il était environ 18 heures quand elle a annoncé qu'ils reprendraient la route, direction le New Jersey. Je voyais bien qu'elle souffrait de partir sans moi. À cet instant, moi aussi, j'avais peur. J'allais vraiment le faire. Je m'échappais vraiment.

Elle a souri et dit :

« Je sais que tu ne rentres pas à la maison après les cours. »

J'ai ri, parce qu'elle me connaissait toujours si bien. Elle me connaît toujours si bien.

J'étais désormais dans l'inconnu. Il y avait Stephanie, mais elle était du genre casanier. Elle était aussi un peu plus âgée et nous n'avions pas du tout les mêmes intérêts. Ces premiers jours, j'ai préparé mon emploi du temps et j'ai pris un peu mes marques sur le campus. Mais j'avais du mal.

Dans ma tête, j'avais construit cet univers loin de chez moi et de tout ce que j'avais connu. Un univers où je me ferais tout de suite des amis qui ne connaissaient ni Matthew Johnson ni George Johnson du New Jersey. Mais une fois sur le campus, j'ai fait un blocage. J'avais vécu dans un océan de blanc pendant quatre des plus importantes années de ma vie. Mon retour à la communauté noire ne s'enclenchait pas. Donc, j'allais en cours et je rentrais chez moi. Tous les jours comme ça, durant la première semaine.

Puis un soir, alors que je sortais me chercher à manger, je suis tombé sur ma voisine qui fumait une cigarette. Elle pleurait. Je crois qu'elle venait de se disputer avec son petit ami. Je lui ai demandé si tout allait bien.

« Oui. Ça va. »

Elle voulait savoir si je venais d'emménager. Je lui ai expliqué que j'étais en première année à Virginia Union. Elle a ri.

« Oh, j'y vais aussi. Je suis en deuxième année. Je m'appelle Monique. »

Je me suis présenté et elle a dit :

« Je sais que tu ne me connais pas, mais ça te dérangerait de me conduire au supermarché ? »

À ce moment-là, j'aurais donné n'importe quoi pour me faire des amis. J'ai acquiescé.

Je ne savais pas du tout où j'allais, alors elle m'a guidé. Une fois dans la voiture, j'ai mis de vieilles chansons. Je les écoutais toujours quand j'étais seul.

Elle a ri et, avec son accent new-yorkais le plus marqué, elle a dit :

« Oh merde, toi aussi, tu as des goûts de vieux ! »

En chemin, je lui ai raconté mon enfance dans le New Jersey et elle m'a parlé de New York, de l'université. Nous avons vite sympathisé.

À notre retour, elle m'a remercié et elle est rentrée dans son appartement. J'ai fait de même. Il était tard, alors je me suis préparé à me coucher.

On a frappé à la porte.

J'ai demandé à ma cousine si elle attendait quelqu'un. Elle a secoué la tête.

Elle a regardé par l'œilleton et ouvert la porte. C'était la fille du bout du couloir.

« Salut, je suis votre voisine, Monique. Si ça vous tente, on s'est réunis pour boire et manger. »

Stephanie s'est tournée vers moi, j'ai hoché la tête.

À l'autre bout du couloir, on a rencontré le petit ami de Monique, Baron, sa colocataire, Ivie, et leur amie, Tiara. À 17 ans, voilà que je buvais de l'alcool une veille de cours, sans me cacher. Sans le remplacer par de l'eau. Sans guetter l'arrivée d'un adulte. Nous avons parlé et picolé pendant deux heures. Il était presque 3 heures du matin quand je suis retourné à l'appartement pour dormir avant les cours.

Ils sont devenus ma bande. On se retrouvait tous les soirs pour manger, boire et étudier. J'avais une voiture, alors j'étais le chauffeur attitré quand il fallait faire des courses, acheter des cigarettes, du soda ou quelque chose à grignoter. Nous avons formé notre propre petit noyau familial. J'ai même reçu un nouveau surnom. On m'appelait MJ. C'est Monique qui me l'a donné, avec son audace à la Brooklyn :

« J'aime pas Matthew. Je vais t'appeler MJ. »

D'accord, mais aussi, comment tu peux sortir, cash comme ça, que tu n'aimes pas mon prénom ?! J'en rigole encore.

Mais c'est de Tiara dont je me suis le plus rapproché. Nous nous entendions comme larrons en foire. C'était une fille ronde à la peau brune de Virginie du Nord. Nous ne nous quittions plus. Alors quand est arrivé le bal de Homecoming, nous sommes allés nous chercher un costume au centre commercial. Nous écoutions de la musique en chemin quand elle m'a soudain demandé :

« Est-ce que tu es gay ? »

Mon cœur s'est tout de suite serré. Ces mêmes putains de question et d'*a priori* subis en maternelle, en primaire, au collège, au lycée et maintenant l'université. Je lui ai jeté un coup d'œil.

« Non, pourquoi ?

— Oh, enfin tes manières, tout ça, ça donne l'impression que t'es gay. C'est pas un problème. »

Les yeux droits devant, j'ai répondu :

« Ouais, mais non. »

Il n'y a pas eu d'éveil magique. Pas d'élan de courage porté par l'air frais de la Virginie. Mais il y avait ce garçon ayant toujours craint les conséquences de son coming out. Ce jour-là, la question de Tiara m'a fait comprendre quelque chose. Je rêvais d'être parfait. Comme il fallait. De m'intégrer à la norme sociale.

J'avais beau vouloir vivre ouvertement gay, je ne voulais pas non plus décevoir. De par la maigre connaissance que j'avais du traitement des personnes gays dans les médias et de par ma propre expérience, je savais que ce n'était pas quelque chose dont se vanter. Sur le campus, ça restait la même chose : des questions indiscrètes ou complexes, jamais vraiment bienveillantes.

Pour moi, ça avait été dévastateur d'avoir si longtemps planifié ma révélation et de n'y être toujours pas prêt. On voit tout le temps des histoires de coming out. Certaines pour le meilleur, beaucoup pour le pire. Ce qu'on ne voit pas, c'est le chemin parcouru. Le nombre de fois où quelqu'un a essayé de passer la barrière pour atteindre ce moment.

Remarquez dans ce chapitre les montagnes russes de ma confiance et mon découragement. Remarquez à quel point je ne comprenais pas pourquoi j'étais fort à certains moments, faible à d'autres. Car c'est ça, un coming out. Ce n'est pas une finalité. C'est quelque chose qui se déroule tout le temps. Il faut toujours faire son coming out quelque part. À chaque nouveau travail. Dans chaque nouvelle ville. À chaque nouvelle personne qu'on rencontre, il faudra probablement décliner son identité.

Je voulais être gay, mais à mes conditions. Je ne voulais pas me faire trop remarquer. Je voulais cette aura masculine, et pourtant être gay. Le problème, c'était la visibilité. Quelque chose sur laquelle je n'avais aucun contrôle, aucun délai de grâce qui me permettrait de l'accepter et de la faire mienne. Je ne pouvais la repousser encore et encore comme un prêt étudiant. Concrètement, on allait m'appeler « gay » que je l'accepte ou pas. Certains d'entre nous sont poussés à accepter une identité avant d'y être tout à fait prêts.

À mon retour à l'appartement ce jour-là, je me rappelle que je me suis enfermé dans ma chambre. J'ai mis *Dangerously in Love* de Beyoncé dans le lecteur CD et je me suis allongé sur mon lit. C'était une belle journée de septembre, mais je n'avais pas envie d'être dehors. Je voulais être seul. L'échappatoire à laquelle je m'étais préparé tout ce temps avait été réduite à néant en une conversation, quelques semaines après le début de ma nouvelle vie. Matthew était une chochotte. George était un pédé. MJ était gay. Tous les trois étaient moi.

Il y a un vieil adage qui dit que ce qu'on cherche à dissimuler le plus est souvent ce qu'on montre le plus. Toutes ces années à croire que je me cachais, alors qu'il s'agissait d'une évidence pour tout le monde à l'instant où j'entrais dans une pièce et que j'ouvrais la bouche. Ce jour-là, j'ai compris que je ne pouvais échapper à la personne que j'étais, car je serais moi que je le reconnaisse ou pas. Alors, je suis resté allongé là. J'ai écouté Beyoncé en boucle. J'ai accepté qu'un jour, ma réponse à la question « Est-ce que tu es gay ? » serait : « Oui. »

Mais pas ce jour-là.

Nouveaux membres au printemps 2006 de la branche Gamma de la fraternité Alpha Phi Alpha. De gauche à droite : Wayne Hairston, Charles Mercer, Gerald Carey, David Preston, Kenneth B. Staley II, Travon Robinson, George M. Johnson, Dimetrius Simon et Kristopher Bumbray

ACTE 4

LES AMIS

CHAPITRE 14

DANS LE BROUILLARD

Au début du second semestre, j'étais déprimé. Je m'étais fait des amis, j'avais eu d'excellentes notes au premier semestre et je m'amusais. Mais tout au fond, je me détestais. Je me levais tous les jours sans être la personne que je voulais. Je voulais les amitiés, les bonnes notes et les fêtes, mais en tant que personne gay. Pas être ce type pétrifié à l'idée d'avoir des relations sexuelles, de crainte que quelqu'un le découvre. J'étais déprimé sans même savoir ce qu'était la dépression.

Alors, petit à petit, j'ai renoncé. À aller en cours. À faire mon coming out. Je me sentais vide et je ne ressentais rien. Au cours de ce semestre-là, j'ai trouvé un petit boulot à la chaîne de restaurants *Ruby Tuesday* où je gagnais bien ma vie. À mon retour, je retrouvais Baron et notre ami Syd, on fumait de l'herbe et on jouait au basket. Je fumais trois joints par jour, je travaillais, je buvais, je séchais. J'avais ce qu'on appellerait « le nez dans la moquette » et ça se voyait.

À la fin du semestre, je redoublais deux UE, j'en avais validé une et une autre était considérée incomplète. Ma moyenne a dégringolé et j'ai perdu ma bourse. Cet été-là, j'ai appelé ma mère et je lui ai répondu que je songeais à revenir à la maison pour de bon. Je croyais savoir ce qu'elle allait me dire : « À quelle heure veux-tu que je vienne te chercher ? » Mais non. Elle m'a répondu que je devais tenir le coup et trouver moi-même une solution.

La coupure d'été m'a permis de me reprendre. J'avais toujours été brillant. J'avais toujours eu de bonnes notes et j'avais oublié combien ça me rendait heureux. Cette première année, j'avais été si anxieux d'avoir franchi les limites de la maison que j'en avais perdu ces bouts de moi que j'aimais. J'aimais être un peu rat de bibliothèque. J'aimais qu'on me voie comme la personne la plus intelligente du groupe. Je n'aurais jamais dû m'en éloigner.

Le semestre suivant, je suis retourné à l'université, plus motivé que jamais à corriger les erreurs du précédent. Ça a commencé par mon usage de l'herbe qui était devenu démesuré. La « Purple Haze », comme on l'appelle, était mon vice préféré. L'herbe rendait tout moins réel. La dépression, la colère que je ressentais. Elle m'ouvrait aussi les portes de lieux où on se fichait que je cache ma sexualité. C'était le mécanisme de défense de ma masculinité. Tous les gars de la zone le faisaient, alors moi aussi.

Je me suis mis à fumer une fois de temps en temps plutôt qu'au quotidien. Être défoncé tout le temps, ce n'était plus mon truc. Et je ne courais plus après le genre de fréquentations qui en faisait un passage obligatoire. Je voulais contrôler mon vice, pas être contrôlé par lui. Après ça, mes journées se sont simplifiées. J'allais en cours le matin, au boulot le soir et je revenais à la maison. Je faisais mes devoirs, et *bis repetita.* Ce n'était pas parfait, mais ça m'allait. Je restais MJ dans la bande, George sur le campus et moi pour moi-même.

Puis un jour, alors que je rentrais, j'ai entendu ce boucan sur le « Square », la zone commune qu'on pourrait décrire comme une cour fermée. C'était durant l'été 2005. Le moment le plus important sur les campus HBCU, à cause des Divine Nine[1]. Les Divine Nine représentent les neuf organisations à lettre grecque noires, basées sur les principes du christianisme, de la chevalerie, de l'amitié, de la sororité, de la fraternité et de la lutte pour la défense de l'identité noire. Certains des plus grands leaders de l'histoire moderne noire sont issus de ces différentes organisations. En être membre, c'était faire partie de la noblesse du campus.

J'avais gardé l'œil sur une fraternité en particulier, dans laquelle se trouvait un ami à moi. En me

1. Les Neuf Divines.

dirigeant vers la foule, je me suis rendu compte qu'il devait y avoir au moins sept cents étudiants autour des nouvelles initiées de la Delta Sigma Theta Sorority, Inc. Tout le monde est devenu hystérique. Les gens encourageaient et hurlaient. Je ne comprenais pas ce que je regardais exactement, mais j'étais fasciné.

Les cris se sont accentués quand les filles ont traversé le Square, les bras sous les épaules l'une de l'autre, le menton sur le dos de l'autre. La doyenne, la personne responsable de l'organisation, leur a ordonné de s'arrêter lorsqu'elles sont arrivées à un certain point dans la cour. Les sœurs plus âgées ont alors exigé le silence.

Le Square était une cour en briques rouges devant le Henderson Center. Dans ce bâtiment à un étage, on trouvait l'infirmerie, la cafétéria, quelques bureaux administratifs et la librairie. Pendant les fêtes du campus, les murs de brique « suaient » littéralement l'alcool qu'on avait bu pendant qu'on dansait.

« DÉVERROUILLEZ-VOUS ! » a ordonné la doyenne.

Les filles se sont étirées, une épaule après l'autre, les bras devant, les coudes sur le côté des hanches, face à la foule. Je regardais avec émerveillement. Les filles ont attendu l'ordre de parler au campus. On a alors entendu l'As, la première du rang, le donner.

« MES SŒURS ! PARLEZ !

— Salutations aux dames de DELTA SIGMA THETA INNNNCCOORRPPORATED ! » ont répondu les sœurs en poussant des acclamations.

J'étais dans le fond, juste assez grand pour voir par-dessus la tête de tout le monde. Les couleurs de la sororité étaient le rouge et blanc et toutes les filles portaient des masques. Devant elles, quelqu'un donnait un ordre. La première fille l'écoutait et le transmettait jusqu'à la dernière qui poussait un cri pour indiquer qu'elle avait reçu le message. C'était comme assister au jeu de bouche-à-oreille le plus passionnant que j'avais jamais vu.

Chaque fois qu'un ordre était transmis avec succès, la fille à l'avant ordonnait aux autres de répéter l'information au campus. Lorsque cet échange se terminait, elle passait à l'information suivante. C'était une action à l'esprit si noir et connecté à la culture noire américaine. Il s'agissait d'une interprétation, une extension de la façon dont le peuple noir avait toujours créé son propre espace quand la culture blanche leur interdisait l'accès à la société. Les sororités et fraternités des organisations à lettres grecques blanches nous rejetaient, alors non seulement nous en avons créé pour nous, mais nous les avons aussi faits nôtres.

Tous les étudiants encourageaient leurs amies, un ballon à la main où était écrit le numéro correspondant à celui de la fille sur le rang. Ça a duré plus d'une heure. Plus tard, j'ai appris qu'on appelait cet évènement « probate[2] », l'intégration de nouveaux membres dans la sororité ou fraternité. Elles « crachaient »

2. Litt., « homologation ».

l'information et l'histoire, elles marchaient en cadence et saluaient leurs aînées en réécrivant les paroles de chansons populaires, avec des mots qui parlaient à celle dont elles chantaient les louanges. J'avais rarement vu quelque chose de plus électrisant.

Durant ce même semestre, je me suis lié d'amitié avec un garçon du nom de Lawrence qui se trouvait dans le même cursus commercial que moi. Il était petit, il avait la peau très foncée et c'était l'une des personnes les plus intelligentes que j'avais rencontrées jusqu'ici. Nous faisions tous les deux partie d'une équipe de quiz sur le campus, la Honda Camus All-Stars. Concrètement, c'était *Jeopardy !*, mais contre soixante-quatre HBCU dans tout le pays. Nous prenions l'avion tous les ans pour participer à une compétition à Orlando, en Floride.

Lawrence et moi nous sommes rapprochés en tant que coéquipiers avant de venir de très bons amis. Notre amitié était intéressante, car il venait de Detroit, il avait la voix profonde et très masculine. Pourtant, le sujet de ma sexualité n'est JAMAIS venu sur le tapis. C'est l'une des rares personnes avec qui je me suis lié d'amitié qui n'était pas focalisée sur la réponse à cette question.

À mesure que nous nous rapprochions, j'ai découvert qu'il faisait aussi partie d'une fraternité, Alpha Phi Alpha. Je le voyais avec ses frères sur le campus, ou accomplir des travaux d'intérêts généraux. Je me suis vite intéressé à ce qu'une fraternité pouvait m'apporter. Ma masculinité, ou plutôt son absence, dominait toujours mes pensées. Me joindre à une fraternité semblait avantageux sur tous les points.

Les fraternités étaient basées sur le principe de la masculinité. Celle de Lawrence avait des « objectifs » : « Actes virils, érudition et amour envers tous ses prochains. » Le mot « virils » m'a frappé. C'était très en contraste avec la féminité des sororités.

J'ai décidé que je voulais rejoindre Alpha Phi Alpha. J'avais de très bonnes notes, j'étais beau (du moins de mon point de vue), et si on me choisissait, je ferais une bonne recrue. Je savais aussi, d'après la rumeur, que le réseau jouait beaucoup si on voulait être présenté comme le candidat parfait. Ça dépendait de qui vous connaissiez et de l'intérêt que vous montriez en participant à des programmes de fraternité et en vous faisant remarquer.

J'ai vu la fraternité comme une occasion de me mettre dans une position de leader, de faire partie d'un mouvement qui allait au-delà de moi-même. Je cherchais aussi une fraternité plus littérale, la capacité de se lier à d'autres hommes de façon platonique. Pour moi, ça signifiait obtenir ce que je désirais tant : qu'on perçoive en moi un idéal masculin.

Au cours de ce printemps et cet été 2005, Lawrence et moi en avons parlé de temps en temps. Mais ce n'est qu'en automne que j'ai enfin exprimé mon désir de me joindre à la fraternité. Après ça, je n'en ai plus vraiment entendu parler, alors je n'ai pas relancé le sujet.

Puis un soir, au début du semestre suivant, j'ai reçu un appel d'un numéro inconnu, vers 21 h 30.

« Bonsoir, est-ce que je peux parler à George, s'il vous plaît ? a demandé un type d'un ton nerveux.

— C'est moi.

— Moi, c'est Charles. Je crois que je suis ton frère de rang. »

À ce moment-là, j'en savais assez sur la vie de fraternité pour me demander si c'était une plaisanterie. Mon cœur s'est serré. J'avais entendu des histoires d'horreur sur l'intégration et je n'avais rien d'un trouillard, mais je ne voulais pas non plus tomber dans un traquenard ou une embuscade. Nous avons discuté quelques minutes, puis il m'a donné l'adresse où je devais le retrouver.

J'ai expliqué à mes deux cousins que j'avais été contacté par la fraternité. Ils étaient sous le choc. Je leur ai donné l'adresse et le numéro de téléphone de celui qui m'avait appelé. Ils m'ont dit d'envoyer un message à mon arrivée et sur le chemin du retour. Ce serait notre système pour nous assurer qu'il ne m'arriverait rien.

Terriblement nerveux, je suis monté dans la voiture. Puis j'ai mis cette bonne vieille Anita Baker à la radio et j'ai traversé la ville tout seul. Je me rappelle mon arrivée devant l'immeuble. J'ai appelé avant d'entrer, car, encore une fois, je ne savais pas si c'était une plaisanterie. Je voulais vraiment faire partie de cette organisation. Mais après avoir entendu parler de gens qui avaient été blessés et même tués à cause du bizutage, j'étais sur mes gardes. Enfin, l'un de mes frères de ligne est venu à ma rencontre.

Nous sommes entrés dans l'appartement où il y avait dix autres types, certains que j'ai identifiés, d'autres que je n'avais encore jamais vus sur le campus. Cette nuit-là, nous avons appris à nous connaître. Certains étaient ravis de me rencontrer. D'autres, furieux de devoir mettre le « nouveau » au parfum. Apparemment, ils avaient déjà commencé à se retrouver en secret au début du semestre précédent. Bien qu'ils ne soient pas officiellement « en rang », ils avaient formé des groupes d'études pour étudier les informations que les frères leur avaient données pendant les vacances. Alors, même si j'étais arrivé avant le début officiel du processus, j'avais déjà du retard sur ce que j'aurais dû étudier.

Quoi qu'il en soit, j'étais très excité. Je faisais enfin quelque chose qui allait contre tout ce que j'avais jamais connu. C'était ma quête de la masculinité, et j'allais enfin prouver ma force. Cette masculinité me semblait nécessaire. Elle m'attirait chez les autres garçons. L'obtenir paraissait presque une forme d'amour pour moi-même. Je voulais m'aimer. Je voulais être amoureux de moi.

Durant ces trois mois « en rang », nous avons créé des liens très forts. (À l'époque, c'était le terme, désormais il faut dire « processus d'admission ».) On exigeait de nous qu'on se retrouve régulièrement pour étudier de nouvelles informations. Puis nous les présentions aux frères. On ne parle pas souvent en public de ce qui se passe en privé, mais je peux dire que ça reflète bien des traditions du passé.

Avant 1989, l'intégration était ce qu'on appelait « la surface ». On voyait publiquement les garçons et les filles en rang. Ils ou elles se retrouvaient sur le campus pendant la journée et suivaient les frères et sœurs. Ils devaient obéir à n'importe quel ordre. Ça pouvait même aller jusqu'à l'humiliation, ça faisait partie du processus.

Malheureusement, en 1988, un candidat à la fraternité qui m'intéressait, Alpha Phi Alpha, a été tué au cours d'un bizutage qui a dérapé. Une loi fédérale contre le bizutage a été mise en place pour que ça n'arrive plus jamais, et la plupart des États ont des lois qui l'interdisent. Mais au cours des cinquante dernières années, il y a eu au moins un mort par an lors de bizutages aux États-Unis, en général à cause d'abus d'alcool. Toutes les organisations et les membres impliqués ont été punis par de la prison, des amendes et des sanctions. Ce qui expliquait ma méfiance initiale au moment de rencontrer mes frères de rang, et envers un rituel d'intégration éventuel, puisque tout le monde ne respecte pas cette loi de façon implicite.

En 2017 est sorti *Burning Sands*, un film qui décrit la brutalité potentielle de l'intégration envers ceux qui subissent le processus secret à une HBCU. Ce processus est réel pour beaucoup, et reflète de nombreuses traditions du passé. Bien que le film n'aille pas jusqu'au bout de l'histoire, il a fait le portrait de certains des mythes face à la réalité.

Tout au long de cette période, nous sommes devenus plus que des amis. Nous formions déjà une fraternité, presque comme une famille. En grandissant, je n'avais jamais eu de « clique ». Rejoindre la fraternité me liait à eux à vie.

Pendant ces mois « en rang », un terme qui n'est plus utilisé à cause de ses connotations de bizutage, il y a eu beaucoup de hauts et beaucoup de bas. Beaucoup d'histoires pour rien, de prises de tête et de disputes. Mais nous grandissions tous ensemble. Certains d'entre nous étaient hypermasculins, d'autres beaucoup moins. Bizarrement, ça n'avait aucune importance. C'était le cadre dont je rêvais. Celui où ma nature efféminée n'avait pas d'importance, où on me voyait tel que j'étais. Je l'avais trouvé parmi mes frères de rang.

Notre admission a commencé en janvier, lorsque nous en avions plus appris sur la fraternité et que nous rencontrions des frères régulièrement pour en discuter. Nous apprenions tout cela pour plusieurs raisons. Déjà, parce que nous devions connaître l'histoire de l'organisation. Ensuite, parce que pour passer l'admission nationale, il y aurait un test. Et enfin, parce que nous aurions à présenter beaucoup de ces informations au campus dans un spectacle de pas cadencés et de salutations à nos frères aînés et aux sororités.

Nous nous sommes rendus à l'admission nationale en mars, un évènement qui s'est déroulé sur deux week-ends, chaque fois toute la journée. Nous avons rencontré les frères aînés de notre conseiller capitulaire et repris les informations que nous avions apprises en secret pendant deux mois. À cause du processus secret, les gens du campus savaient ce qui se passait, mais faisaient mine de l'ignorer. Après avoir passé les tests, notre *probate* fut décidée pour le 7 avril.

Durant cette période, entre les tests nationaux et le *probate,* nous avons discuté avec des frères aînés de notre branche de premier cycle universitaire. C'est une tradition quand on s'approche de la fin du processus. Nous révisions tous à mon appartement un soir quand un frère aîné m'a contacté et, bien sûr, a posé la question qu'on m'a toujours posée. Il était sur haut-parleur quand il a crié :

« Il paraît que t'es gay. On n'autorise pas des merdeux de p****** dans notre chapitre ! »

Ma première réaction a été :

« Je ne suis pas gay, grand frère, je comprends. »

Il a raccroché.

Tout autour de moi, mes frères de rang sont restés silencieux. J'étais furieux. Quand je suis furieux, comme toujours, je pleure. Gerald a été le premier à me rejoindre. Il m'a regardé et m'a étreint. Je me suis encore plus effondré en larmes.

« J'en ai tellement marre qu'on me dise ça ! »

Mes autres frères de rang m'ont enfin étreint à leur tour.

« Tiens le coup, ont dit certains. On est arrivés trop loin pour que tu renonces maintenant. »

Ils avaient raison.

Franchement, je n'aurais jamais envisagé de laisser tomber. Quand on a cru que je n'étais pas assez fort pour jouer au football américain, j'ai prouvé le contraire. Toute ma vie, j'ai prouvé le contraire de ce qu'on pensait de moi. Puisqu'on doutait de moi à cause de ma sexualité, je voulais aller encore plus loin que n'importe quel gosse hétéro dans les mêmes circonstances. Je n'étais pas là pour être bon, j'étais là pour prouver que j'étais meilleur.

Ce soir-là, certains de mes frères se sont étreints parce qu'eux aussi enfouissaient leur identité queer. Ensemble, nous sommes devenus une unité bien plus forte. J'ai appris que quoi qu'il se passe à partir de maintenant, ces huit hommes me défendraient toujours.

Enfin, le 7 avril 2006 est arrivé. Notre fraternité a été fondée en 1906 et notre chapitre établi par l'un des fondateurs en 1907, ce qui fait de nous l'un des plus anciens de l'histoire noire des fraternités grecques. J'étais le septième du rang. Dans notre fraternité, sept est le nombre magique, car nous avions sept fondateurs.

Quand nous sommes arrivés sur le campus, il devait y avoir un bon millier de personnes qui nous attendaient dans le Square. Nous nous sommes emboîtés les uns sous les épaules des autres, le menton sur le dos de l'autre, masqués, et nous nous sommes dirigés vers le Square au pas, du moins je le croyais. Il y avait bien sûr un dernier test. Nos frères aînés avaient placé des bandeaux par-dessus mon masque. Nous nous sommes alors mis en route, l'As ayant le bras sur l'épaule de notre doyen qui se chargeait désormais d'être nos yeux.

Je me rappelle ma grande nervosité. Non seulement il faisait presque trente degrés ce soir-là, mais en plus, il s'agissait du moment que nous avions tous attendu. Nous avons marché jusqu'à nous arrêter d'un coup. Mon cœur battait à tout rompre. Je me suis rendu compte que nous étions tombés. Le *Deathmarching*, comme on l'appelle, ce n'est pas facile les yeux bandés. Nous nous sommes relevés et nous avons continué. Puis nous avons descendu des marches, contourné un coin et nous nous sommes arrêtés. On nous a dit de nous déverrouiller, ils ont retiré nos bandeaux.

Devant nous était la lumière d'Alpha. Littéralement : le signe Alpha en néon. Tout le monde se mettait dans l'ambiance pour le show. À cet instant, malgré la nervosité et la transpiration, je me sentais plus puissant que jamais. Notre doyen nous a crié de nous verrouiller une fois de plus, et nous sommes repartis. Cette fois sans les bandeaux, pour la marche finale.

À notre arrivée au Square, la foule a crié. Notre doyen nous a hurlé de nous déverrouiller. J'ai regardé devant moi, il y avait tout mon village. Ma mère, tante Sarah, tante Munch, mon oncle, les cousins, Monique, Ivie, tout le monde. Ils ont tous crié à pleins poumons :

« JE TE VOIS, NUMÉRO SEPT !!! »

Je me suis senti vu, pas dans le sens de ma sexualité, mais parce que pour une fois, j'étais au sommet de la pyramide sociétale noire. Je n'étais plus le gosse qui craignait d'être choisi en dernier. Je n'étais plus forcé de participer à une activité masculine pour me protéger. Je définissais ma propre masculinité. J'étais le centre de l'attention pour une bonne raison. On me soutenait.

Pendant presque deux heures ce soir-là, nous avons assuré le spectacle, entre salutations, histoires et marche cadencée. À cause d'une pluie torrentielle soudaine, notre *probate* a commencé dans le Square et continué dans une grande salle du Henderson Center avant de reprendre dans le Square. À l'intérieur, la moitié du rang s'est démasquée et s'est présentée. De retour à l'extérieur, nous avons recommencé. Travon se tenait devant moi. J'ai senti ma bouche s'assécher et la peur me traverser. Malgré tout, je savais que j'avais travaillé bien trop dur pour tout gâcher.

Quand on en est arrivé à moi, la foule a crié et applaudi. À cet instant, peu importaient les frères aînés qui avaient exprimé leur doute sur ma sexualité durant tout le processus. Tout ce qui comptait, c'était que, quelle que soit leur opinion à mon sujet, j'étais tout aussi fort que les autres. Dans notre communauté, La *Greek life*[3] noire est symbolique. C'est le signe de votre force. Qu'on a « traversé les sables brûlants » et survécu pour en parler. Ils ont retiré mon masque et je me suis avancé pour m'adresser au campus.

« NOUS SOMMES GEORGE MATTHEW JOHNSON. NOUS VENONS DE PLAINFIELD, DANS LE NEW JERSEY. NOUS SOMMES ÉTUDIANT EN FINANCE AVEC UNE MOYENNE DE QUATORZE. NOTRE NOM DE RANG EST KHALFANI, CE QUI SIGNIFIE ROI ET DIRIGEANT. CAR LES ALPHAS ONT TOUJOURS DOMINÉ CETTE COUR ET CONTINUERONT DE LA DOMINER. »

Ce soir-là, je me suis prouvé que la virilité n'est pas un monolithe. Qu'il en existe une version, une version de « masculin », qui me ressemblait. Il serait désormais de mon devoir de devenir un reflet de la communauté noire queer. Je voulais devenir la personne grâce à laquelle les futurs hommes noirs queers sauraient qu'ils pouvaient eux-mêmes définir leur masculinité. J'ai tout donné à sa poursuite. J'en suis sorti en comprenant qu'il n'y avait rien à poursuivre. Que la seule chose qui me restait à faire, c'était d'exister en tant que cette personne, mais dans mon entière vérité.

3. Littéralement, la « vie grecque », faire partie d'une fraternité.

Il était temps pour moi de faire entrer les autres dans ma sexualité et dans mon espace sexuel en tant que membre d'Alpha Phi Alpha aussi.

Il était temps pour moi de me définir.

CHAPITRE 15

PERDRE DEUX FOIS MA VIRGINITÉ

Je n'ai jamais rêvé de sexe avec un autre garçon. Quand j'y pensais, je m'imaginais au féminin. Je m'étais créé un *alter ego* du nom de Dominique qui ressemblait à la fille que j'aurais été. Et elle couchait avec tous les garçons dont je rêvais. C'était la seule chose qui ait un sens pour moi, jusqu'à ce que ça n'en ait plus. L'université m'a ouvert les yeux sur certaines choses.

Comme je l'ai dit, il n'y avait pas beaucoup de représentations queers à l'époque, et mon lycée enseignait l'éducation sexuelle de façon très archaïque. Toute cette conversation sur « les choux et les roses » n'a jamais eu beaucoup de sens pour moi, car quel rapport avec la végétation ? L'éducation sexuelle était une vaste blague, et le fait qu'il s'agissait d'une école catholique n'aidait pas. On nous disait que l'abstinence était la meilleure des contraceptions, bien sûr. Il y avait des diagrammes, des tableaux et cette foutue banane avec laquelle on nous montrait comment mettre un préservatif.

On a appris les bases. Ce qu'était une érection, ce que faisait le sperme et son trajet jusqu'à un œuf pour créer un bébé. On a parlé de maladies sexuellement transmissibles comme la chlamydiose, la gonorrhée et le VIH. Mais encore une fois, des informations très superficielles. Rien sur la façon dont ces maladies frappent une communauté plus que l'autre, surtout le VIH dans la communauté noire.

Et nous n'avons rien appris sur le sexe entre deux hommes. Je me suis contenté de la masturbation, particulièrement parce que je n'imaginais toujours pas avoir de relations sexuelles avec quiconque. Ce que je ressentais était lié aux garçons, mais mes seules expériences, avec Thomas et Evan, ne ressemblaient en rien à ce que j'avais vu dans les histoires d'amour ou les pornos. On y trouvait surtout des hommes et des femmes, qui étaient enthousiastes et confiants. Malgré le côté idéalisé des scénarios porno, la passion était bien présente. Même leurs histoires gnangnan valaient mieux que mon expérience à moi, privée de tout amour romantique. Alors, je devais me contenter d'être mon propre partenaire jusqu'à ce que je parvienne à me confier à quelqu'un d'autre.

Ce moment n'est arrivé qu'en troisième année d'université. À 21 ans, j'étais toujours puceau, du jamais-vu dans ma famille. Mentir à tous mes cousins hétérosexuels sur mes relations sexuelles, avec une fille de surcroît, avait été pénible. Je n'avais jamais vu de vagin ailleurs que dans les films, et je n'en avais aucune envie.

À l'université, faire partie d'une organisation à lettre grecque vous met sous le feu des projecteurs, vous ouvre à une toute nouvelle population qui aurait sinon ignoré votre existence. Un garçon en particulier s'est intéressé à moi et a demandé mon numéro de téléphone. Au début, je pensais que c'était platonique. Il s'agissait de l'ami d'un membre de mon chapitre, alors je croyais qu'il se montrait juste sociable.

Lorsque nous avons commencé à communiquer, nos textos sont très vite passés d'amicaux à classés X. Ça ne me posait pas de problème, sauf que je ne savais pas trop qui était censé être qui dans la chambre, ou si ça se déroulerait naturellement. Je n'ai pas posé la question, car franchement, à l'époque, je n'avais pas le vocabulaire pour la formuler. Il a attendu l'absence de son colocataire un week-end pour enfin m'inviter.

À mon arrivée, il nous avait préparé à dîner, ce qui était très sympa. Nous avons discuté un peu avant de regarder la télévision sur le canapé. Au bout d'une vingtaine de minutes, il s'est glissé sous mon bras. D'après ce que je savais sur les interactions entre filles et garçons, c'était le signal que je devrais être la personne « dominante ».

Nous nous sommes câlinés quelques minutes avant que je me penche et que nous commencions à nous embrasser. C'était aussi la première fois que j'embrassais un garçon. Je me rappelle qu'à cet instant, j'étais très nerveux, car je ne savais pas ce que je faisais. Je ne savais pas où ça mènerait. Je me rappelle le silence. Je me sentais bien. Pour la première fois, je partageais mon corps avec quelqu'un, de ma propre volonté. À ce moment-là, j'avais l'impression d'avoir le contrôle.

Enfin, il s'est écarté pour respirer et il a dit : « Tu embrasses très bien. » J'étais sous le choc, puisqu'il s'agissait de la première fois, mais j'étais trop excité pour m'y arrêter, alors j'y suis retourné. Tandis que nous nous embrassions, il a baissé la fermeture éclair de mon pantalon. J'ai compris à cet instant que pour lui, ça n'avait rien de nouveau.

Il a sorti ma verge de mon pantalon. Il m'a très vite fait une fellation. J'ai savouré ce moment, puisque je voyais qu'il passait un bon moment, lui aussi. Et il avait sans aucun doute de l'expérience, car il s'y est mis avec beaucoup d'assurance. Puis il m'a demandé si je voulais essayer à mon tour. J'ai acquiescé. Quand j'ai commencé, il m'a dit : « Attention à tes dents. » Je ne voulais pas qu'il remarque mon manque d'expérience. Alors, j'ai ralenti et pris mon temps, et par chance, j'ai trouvé un bon rythme. Il ne savait pas que j'étais vierge, et je faisais de mon mieux pour me montrer dominant, comme mon acteur de porno préféré. J'étais un acteur, et je jouais dans mon propre film.

Une telle excitation me parcourait. C'était bien plus que perdre ma virginité. Pour une fois, je consentais à ma satisfaction sexuelle. Cet instant confirmait aussi que le sexe pouvait ressembler à ce que je désirais. Qu'il pouvait être passionné et tendre, mais surtout, amusant et satisfaisant. J'adorais la sensation de son corps dans ma bouche.

Au bout d'un moment, je me suis redressé et nous avons recommencé à nous embrasser. Nous nous sommes levés et nous sommes allés dans sa chambre où nous nous sommes complètement déshabillés. Il a retiré ses vêtements et s'est tout de suite allongé sur le ventre. J'ai alors enlevé mon T-shirt, puis mon boxer. Je me suis placé derrière lui. La lueur de la lune traversait les stores de la pièce rouge dans le noir. Deux garçons noirs à la lueur bleue de la lune. Si poétique, oserais-je dire ironique ?

Désormais, j'étais terrifié. Un, parce que je ne savais pas ce que je faisais alors que lui, de toute évidence, oui. Deux, parce qu'on était toujours à l'université et je craignais que la rumeur de mon manque d'expérience et d'une piètre performance au lit se répande. Sans parler que je couchais avec un homme, et l'ami d'un membre de mon chapitre.

Durant les premières minutes, nous nous sommes frottés l'un contre l'autre. J'étais derrière lui, le ventre contre son dos, nous nous embrassions. Après quelques minutes à bien s'amuser, il s'est levé et il est allé chercher un préservatif et du lubrifiant dans sa table de nuit. Puis il s'est allongé sur le ventre. Je savais ce qui me restait à faire, même s'il s'agissait de la première fois. Mais j'avais au moins une référence, toute la pornographie que j'avais regardée ces sept dernières années. Bien qu'il s'agisse de pornographie hétérosexuelle, ça suffisait pour avoir une idée.

Je me souviens que le préservatif était bleu et parfum barbe à papa. Je me suis couvert de lubrifiant, je l'ai mis à genoux et j'ai commencé à le pénétrer par-derrière. J'ai fait de mon mieux pour ne pas forcer, car j'imaginais que ça devait faire mal. Je ne voulais pas que ce soit un moment douloureux. Alors je me suis enfoncé lentement, jusqu'à l'entendre gémir.

À mesure de nos mouvements, je voyais qu'il était excité. Moi aussi, mais cette fierté en moi me disait de ne pas le montrer. J'avais l'impression de contrôler la situation, j'étais fier d'y arriver dès le premier essai, tout en restant nerveux. À ce moment-là, je voulais garder la position dominante. Nous avons continué pendant un quart d'heure avant que je sente monter une sensation. De la faiblesse dans les jambes, une torpeur au niveau de la taille. J'ai enfin joui et lâché un très fort gémissement, au point qu'il m'a demandé de baisser d'un ton à cause des voisins. Je me suis retiré et je l'ai embrassé pendant qu'il se masturbait. Puis il a joui à son tour.

Cette nuit a été glorieuse. J'avais conquis une peur et j'avais couché avec un homme, à mes conditions. Ces années à réprimer mon identité, à ne sortir avec personne ni embrasser quiconque s'étaient conclues par cette nuit magique, dans un appartement de la banlieue de Richmond, en Virginie. Je ne voulais pas partir et il ne m'y a pas forcé. Toutefois, je me suis levé pour appeler un de mes frères de rang. J'ai laissé un message sur son répondeur lui disant que j'avais enfin eu ma première fois.

Puis je suis retourné dans la chambre et je me suis glissé sous les draps. Ce soir-là, nous avons dormi nus l'un dans les bras de l'autre. Pour lui, je n'étais qu'une conquête, celle d'un garçon de fraternité mignon sur le campus. Moi, je partais enfin explorer ma sexualité et j'avais hâte de recommencer.

Nous avons couché ensemble une seconde fois deux semaines plus tard, avant les grandes vacances. Il est rentré chez lui, moi, je suis resté à Richmond. Pour autant, je n'ai pas recommencé de tout l'été. J'ai eu plusieurs expériences sexuelles, de la masturbation mutuelle, des échanges de baisers et de caresses, mais je n'ai pas eu envie de réessayer le sexe avec pénétration.

J'étais hésitant, car j'avais encore de nombreuses questions. J'avais beau aimer être au-dessus, je ne savais pas si je souhaitais toujours être la personne dominante dans la chambre. J'étais encore novice sur la question du sexe, et encore plus de la culture gay et des positions sexuelles. J'ignorais si, puisque j'avais été « au-dessus », il en serait toujours ainsi. Je voulais aussi essayer d'être en dessous, ce que j'associais à la position d'une personne plus soumise. (Si vous me connaissez, c'est bien quelque chose que je n'ai jamais été !) J'avais juste besoin de réfléchir et de déterminer si pour moi, les relations sexuelles seraient du genre coup d'un soir ou si j'étais désormais prêt à autre chose.

Le semestre suivant, j'ai entamé ma dernière année d'université. J'ai été nommé président de la fraternité et je suis devenu l'un des étudiants les plus connus du campus. C'était un excellent début à ce qui serait une année magistrale. À l'époque, j'avais commencé à utiliser une application de *dating* en ligne appelée Black Gay Chat.

Un soir, j'ai reçu un message d'un garçon qui allait à la même université que moi. Il m'a dit que je lui avais toujours plu et qu'il voulait qu'on se retrouve. C'était la veille de mon départ pour le New Jersey pour fêter mon anniversaire, alors j'ai accepté de le rencontrer, un cadeau d'anniversaire en avance que je me faisais à moi-même. Je suis arrivé à son appartement et nous avons commencé à boire devant la télé. Ça a duré dix minutes avant qu'on s'embrasse et se débarrasse de nos vêtements.

Il s'est alors levé, m'a pris par les mains et m'a emmené dans sa chambre. Nous nous sommes déshabillés l'un l'autre, vite, mais de façon délibérée. Ensuite, il m'a dit de m'allonger sur le lit. Il m'a demandé de me « retourner » pendant qu'il enfilait un préservatif.

Mon cœur s'est tout de suite emballé. Nerveusement, je lui ai demandé ce qu'il faisait. Il a répondu :

« Je vais te prendre. »

Au début, j'ai ri, puis je lui ai dit que je n'avais jamais été en dessous. Il a rétorqué :

« Eh bien, ce soir, ça va changer. »

J'étais vraiment très nerveux. Il y avait cette crainte, comme à toute première fois. Mais c'était mon cul, et j'avais du mal à imaginer quelqu'un en moi. Il était… imposant. J'allais quand même tenter ma chance. Avant ça, j'avais pénétré quelqu'un qui y avait clairement trouvé du plaisir, mais c'était quelque chose qu'il aimait bien avant de m'avoir rencontré. Il avait su à quoi s'attendre. Pas moi. En tant que spectateur avide de films porno, ma seule impression du sexe anal, c'était que ça faisait mal, ou du moins on le montrait sous cet angle devant les caméras.

Soûl et stressé, j'ai obéi et je me suis allongé sur le ventre. Il s'est mis sur moi et m'a lentement pénétré. Je crois que je n'avais jamais eu aussi mal de ma vie. Puis il a ajouté plus de lubrifiant et réessayé, ce qui a amélioré la situation, mais pas de beaucoup. Il a commencé son va-et-vient. Finalement, le plaisir s'est mélangé à la douleur.

Je ne peux pas dire que je n'ai pas aimé, parce que si. Mais c'était vraiment douloureux. Au cours de ces quelques minutes, je dois dire qu'il a été tendre. Son objectif n'était pas de me blesser, et le mien était que lui aussi ressente du plaisir. Heureusement, il n'a pas tenu longtemps. Il m'a embrassé avant de se retirer. Je ne suis pas resté, je ne me suis pas masturbé après. Je me trouvais en état de choc. Mon seul désir, c'était de rentrer chez moi.

Le lendemain matin, mes frères de rang et moi avons organisé le trajet jusqu'au New Jersey pour mon anniversaire. Je devais conduire. Mais j'avais mal. Je leur ai raconté ce qui s'était passé et, avant de prendre la route, ils m'ont ramené du paracétamol et m'ont expliqué :

« Ça demande un peu de temps avant de s'y habituer. »

J'étais quand même fier. J'avais gagné une nouvelle médaille gay, comme si on était chez les scouts.

J'ai eu mal pendant presque trois semaines après, et j'avais trop peur d'aller chez le médecin, car j'aurais dû avouer que c'était suite à du sexe anal. Alors, comme pour la plupart des autres traumatismes, j'ai pris sur moi et j'ai géré la douleur jusqu'à ce que mon corps guérisse. Suite à cet évènement, je n'ai pas eu de relations sexuelles pendant plusieurs mois.

Mais au bout d'un moment, j'ai trouvé le courage de recommencer. Cette fois, j'y suis allé bien plus préparé. Chaque fois, j'ai plus appris sur mon corps et sur le pouvoir de dire : « Non, ça fait mal. »

Le sexe devrait donner du plaisir. Et il y a des moyens sûrs de s'en assurer. Comme on dit, c'est en pratiquant qu'on atteint la perfection. Et j'ai fini par avoir beaucoup de pratique.

Souvent, je me demande ce qu'auraient été mes premières expériences si j'avais eu accès à une éducation sexuelle queer au même moment que mes amis et camarades hétéros. La sexualité a été un gros cours accéléré et risqué, semblable à tous les autres aspects de mon existence queer.

De nombreux dangers guettent les enfants qui n'ont pas reçu d'éducation sexuelle correcte, surtout ceux qui sortent du cadre hétéronormé. Certes, on nous a parlé du VIH, mais dans un lycée à majorité blanche, ce n'était pas une priorité. Alors que les personnes noires queers sont la catégorie la plus à risque, ce regard blanc sur l'éducation sexuelle m'a fait croire que j'étais aussi invincible que mes camarades.

Le « test de la banane » nous a appris comment mettre un préservatif sur une banane alors qu'aucun d'entre nous n'en a entre les jambes. L'enseignement du sexe dans un objectif de reproduction plutôt que de plaisir nous a empêchés de comprendre parfaitement dans quoi nous nous engagions. Je me suis mis dans des situations trop risquées parce que je ne savais pas ce que je faisais et que je n'avais ni les outils pour chercher ces informations, ni les ressources, ni le soutien d'une communauté.

Le facteur de risque reste plus élevé chez les personnes sexuellement actives queers. Nous avons de plus grandes chances de contracter des maladies sexuellement transmissibles. Le CDC, le centre pour le contrôle et la prévention des maladies, a déjà déclaré que 50 % des hommes noirs ayant des relations sexuelles avec d'autres hommes contracteront le VIH dans leur vie. C'est aussi le cas d'un quart des hommes latinos queer. Le refus d'accorder une éducation sexuelle élémentaire aux adolescents queers perpétue ces statistiques.

À cause de ce manque, les personnes queers vivent souvent une seconde adolescence durant une grande partie de leur vie adulte. Je n'ai pas exploré ma sexualité pendant ma puberté. En grandissant, je n'avais pas d'amis ouvertement gays ni de mentors. Je n'ai pas eu l'occasion de sortir avec des garçons ou d'avoir un petit ami. J'ai dû en découvrir beaucoup par moi-même. Alors, au moment de ma transition vers la vie adulte, je commençais à peine à apprendre et à faire les erreurs qu'on fait à l'adolescence. Nous nous réprimons durant ces années formatrices, lorsque nous *devrions* apprendre et grandir aux côtés de nos pairs hétérosexuels, dans la sécurité et le soutien de la famille. Les systèmes hétéronormés de notre société ont littéralement le pouvoir de changer la trajectoire de nos vies.

L'expérience de ces deux pertes de virginité a construit ma compréhension de qui j'étais et comment me présenter dans une relation. On ne sait pas ce qu'on aime ou qui on est si on se laisse enfermer dans une case que la société a façonnée. Apprenez ce que vous aimez et n'aimez pas. Créez l'environnement sexuel qui vous convient le mieux. Le sexe fait partie de notre développement en tant qu'humain quels que soient notre genre et notre identité sexuelle. Personne n'a le droit de nous priver de ressources nécessaires pour interagir correctement avec les autres.

Je regrette de ne pas avoir su à l'époque ce que vous savez désormais. Néanmoins, je ne regrette aucune de mes expériences sexuelles. Et pour être franc, ce chapitre a été le plus effrayant à écrire pour moi. Car il implique une vulnérabilité que je ne suis pas encore certain d'être prêt à partager avec le reste du monde. Ma première fois a été emplie de plaisir. La deuxième de douleur. Mais je les ai vécues et je les ai partagées pour que les vôtres se passent peut-être de façon différente.

Cette partie de l'histoire provoquera-t-elle un tollé ? Absolument. Mais je refuse catégoriquement de me taire. Ma plus grande crainte, c'est que les adolescents queers soient forcés de tâtonner lors de leurs expériences sexuelles. Si vous y êtes un peu mieux préparés, mon petit embarras en vaut la peine.

CHAPITRE 16

JE NE SAIS PAS POURQUOI JE N'AI PAS APPELÉ

C'étaient les vacances de Noël, et je retournais à l'université pour mon dernier semestre.

« Fais attention sur la route, Matt, m'a prévenu ma mère alors que je m'apprêtais à partir. Appelle-moi ou envoie-moi un message quand tu arrives. Et dis au revoir à ton père. »

J'ai traversé le même couloir dans lequel je courais enfant jusqu'à leur chambre.

« Tu pars ? » a-t-il demandé.

J'adorais le ton de sa voix. Il semblait toujours si surpris que je m'en aille, alors que ça faisait quatre ans que j'avais quitté la maison, désormais. Parfois, je pense qu'il regrettait que je retourne en Virginie. Je ne pouvais rentrer que quelques fois par an et même s'il le montre peu, mon père est très famille.

Ces vacances avaient été super, comme toutes celles des vingt et une années de ma vie. Emplies de famille et de cadeaux. Mon père s'assurait toujours de tout offrir sur notre liste et plus encore. Nous avions fêté le réveillon avec toute la famille, Nanny menant la danse aux fourneaux, comme d'habitude. Des heures durant, nous avons regardé la NBA, bu et mangé.

Mais je détestais aussi être dans le New Jersey. Les souvenirs que j'en ai dépeignent en majorité la famille, certains des amis, et dans beaucoup je suis seul. Le New Jersey me rappelait toujours mon sentiment de solitude. Ma vie se trouvait en Virginie, désormais. J'avais un cercle d'amis que je retrouvais chaque jour. J'avais mes frères de fraternité, plus précisément mes frères de rang. Ils étaient une nouvelle constante dans ma vie. Des textos chaque jour, des coups de téléphone tous les soirs. Nous étions de vrais siamois.

Pendant les vacances, on s'est envoyé des messages et appelé les uns les autres, on a parlé de ce qu'on avait reçu comme cadeaux, de ceux qu'on avait voulus et ceux qui ne nous plaisaient pas. Le jour de Noël, j'ai passé un coup de fil à l'un de mes frères de rang préférés, Kenny. Il vivait à Philadelphie. Nous étions les deux seuls de notre rang à venir du Nord. Nous avions un lien très spécial. Dans le Nord, les choses étaient différentes. Le style, la vie de la rue, la musique… Et on le comprenait tous les deux.

Il avait reçu l'appareil photo dont il avait rêvé toute l'année. Je me rappelle combien il était excité par ce fichu appareil, au téléphone. D'habitude, Kenny et moi faisions le trajet ensemble pendant les vacances, car j'avais une voiture et Philadelphie, ce n'est pas si loin de Plainfield. Ce jour-là, on a discuté pour savoir s'il rentrait avec moi, mais il voulait rester chez lui pour toutes les vacances. Moi, je n'avais pas le choix, car j'avais un petit boulot qui reprenait.

Ce jour-là, j'ai parlé à tous mes frères de rang. Pour la première fois, j'ai vraiment senti que j'avais trouvé mon juste milieu. Le garçon qui avait eu tant de mal à se faire des amis pendant si longtemps avait enfin tout un groupe de personnes qu'il appelait ses frères. Ce qui a aidé aussi, ironiquement, c'est que sur mon rang, je m'étais retrouvé avec quatre personnes hétéros et quatre personnes gays, ce dont je vous parlerai plus tard.

C'était une telle métaphore de ma vie. Cet équilibre entre l'hétérosexualité et mon identité queer. Ma difficulté à trouver ma place dans chacune des communautés. C'était ce juste milieu dont j'avais toujours eu besoin, celui qui m'a montré que je pouvais vivre et réussir dans chacune. Je n'avais pas à faire de compromis sur mon identité pour apaiser les autres.

J'étais heureux de retourner à cette vie que j'avais créée avec ces jeunes hommes. On était le 28 décembre, il ne faisait pas trop froid dehors, mais le fond de l'air restait hivernal. Il était environ 10 heures lorsque j'ai enfin pris la route. Je me souviens très bien de cette journée, car c'est aussi la première fois où mon père s'est levé de son lit pour me dire au revoir.

Ma mère me regarde toujours partir. Mon père criait en général : « Tu pars ? » Je répondais : « Ouais ! » Et lui : « OK, sois prudent. » Et c'était tout. Cette fois s'est déroulée très différemment. Il est venu jusqu'à la porte. Il m'a étreint pour la première fois depuis que j'étais devenu adulte. Il a dit : « Sois prudent », comme d'habitude. Je me souviens avoir trouvé ça vraiment bizarre. Mais je savais qu'il changeait, et en mieux. Peut-être qu'il avait senti combien cette journée allait être difficile.

J'ai démarré et je me suis dirigé vers l'autoroute. À l'époque, je jouais de la musique R&B noire des années 1970 et, par défaut, *The Best of Anita Baker*. Dans cette voiture, j'étais accompagné de mes deux donuts à la vanille, d'un cappuccino de chez *Dunkin' Donuts*, d'un Sprite en cas de besoin, Anita dans les oreilles. En général, le trajet me prenait environ cinq heures.

La voix d'Anita criait dans mes enceintes. Je chantais aussi fort que possible. Je suivais le ton de l'une de mes chansons préférées. C'est là que j'ai eu l'idée d'appeler mes frères de rang. Je me suis dit que ce trajet de cinq heures serait beaucoup plus rapide si je parlais avec des gens.

Alors, j'ai commencé avec mon As de rang, Wayne. On a discuté pendant une demi-heure, puis je suis passé à Charles. Puis Gerald. Puis David. Puis Kenny…

Kenny avait une mentalité de gamin des rues, il n'avait jamais peur de se battre au besoin et il portait la barbe, comme la plupart des habitants de Philadelphie à l'époque. Il avait beau jouer les gros durs, il avait un cœur d'or et un sens de l'humour contagieux.

Il n'avait jamais eu d'argent non plus et faire partie du rang, ça coûte cher. Alors j'ai souvent payé la facture quand il fallait acheter quelque chose pour les frères aînés ou nous-mêmes durant le processus. Il avait environ 1 an de moins que moi. M'occuper des autres était dans ma nature. J'ai pris soin de lui comme je prenais soin de Garrett.

On aimait la même musique et on se comprenait au sujet de la famille. Il avait aussi le permis, mais pas de voiture, et j'avais horreur de jouer les chauffeurs, alors c'était la personne idéale à qui confier les clés. Quand j'y pense, Kenny conduisait mon auto si souvent qu'il aurait pu être sur mon assurance. On étudiait fréquemment ensemble et quand il lui arrivait d'« exploser », je réussissais toujours à le calmer. C'était comme si on avait grandi ensemble.

Quand je rentrais en Virginie après les vacances, je le récupérais à Philadelphie, je passais sur le siège passager, je lui donnais les clés et je ronflais dans les deux minutes. Kenny adorait conduire. J'ai un souvenir très net de ces *road trips*.

Après ma conversation avec David, quelque chose m'a pris et je me suis dit : « N'appelle pas tout de suite Kenny. Attends d'être à la maison. »

Alors, j'ai passé un coup de fil à Travon à la place, on s'est raconté des ragots pendant deux heures, comme d'habitude. Puis Dimetrius et enfin Kris. À ce moment-là, j'étais en Virginie, à une quarantaine de minutes de Richmond. J'étais presque à la maison quand mon téléphone a sonné.

J'ai vu que c'était Gerald, ce qui m'a intrigué, car on s'était déjà parlé ce jour-là. J'ai décroché et tout ce que j'ai entendu, c'est un hurlement. Rien qu'un hurlement. J'ai dit :

« Calme-toi, qu'est-ce qui se passe ?

— Kenny est mort, Kenny est mort ! »

En boucle.

Plutôt que de réagir tout de suite par l'émotion, j'ai posé des questions pour éclaircir.

« Qui t'a raconté ça ?

— David m'a appelé et m'a dit qu'il était mort. »

Bon, je savais que David avait aussi un ami ou un cousin qui s'appelait Kenny, alors j'étais sûr qu'il s'agissait de lui.

« Je vais l'appeler. »

J'ai vite contacté David et je l'ai mis sur haut-parleur, puisque je conduisais encore.

« OK, qu'est-ce qui se passe ?

— Kenny est mort ce matin. Je l'ai appelé pour discuter de Noël. Son cousin a décroché, il m'a dit qu'il était mort. »

Je me souviens que j'ai fondu en larmes. J'ai ruminé sur ce qui m'a poussé à ne pas l'appeler ce jour-là.

Peut-être que l'univers savait que je devais être plus près de ma destination quand je recevrais la nouvelle. J'ai tout de suite contacté mon colocataire, Travon, je lui ai annoncé la tragédie et que j'arrivais bientôt.

À ce moment-là de ma vie, la mort ne faisait pas partie de mes traumatismes. Certains de mes grands-oncles étaient décédés, mais je n'avais jamais expérimenté la perte de quelqu'un de proche, pas encore. C'était une émotion que je ne savais pas gérer. Je me rappelle être arrivé à l'appartement, et deux de nos amis, Ari et Cine, étaient venus réconforter Travon.

Je me suis placé à la fenêtre et j'ai appelé ma mère. Il fallait que je lui dise que j'étais rentré et ce qui s'était passé. Dès qu'elle a décroché, elle a su que je n'étais pas bien. J'ai à peine réussi à prononcer :

« Kenny est mort. »

Elle a hurlé : « QUOI ? » Puis elle s'est vite reprise et elle m'a dit combien elle était désolée. Elle savait que je n'avais encore jamais rien vécu de tel et son seul souci était mon bien-être.

Pour ma famille, mes frères de rang n'étaient pas n'importe qui. Ils sont tous venus à la célébration de mon 21e anniversaire. Il y a des photos de Kenny et de ma grand-mère dansant ensemble ce soir-là. Ils font partie des miens. J'avais mal, ma famille avait mal. Non seulement parce qu'ils le connaissaient, mais aussi parce qu'il aurait très bien pu s'agir de n'importe lequel d'entre nous.

Elle a prié avec moi au téléphone. C'était notre rituel, chaque fois que j'étais en état de crise, que j'avais besoin d'être guéri d'une façon ou d'une autre. La prière a toujours représenté un moyen pour moi de trouver du réconfort dans les moments les plus durs de ma vie. Je me souviens m'être enfin calmé et avoir raccroché. Elle m'avait dit qu'elle me rappellerait, et de lui transmettre toutes les informations dans la semaine.

En quelques heures, tous mes frères de rang s'étaient réunis à mon appartement, arrivant de Washington DC, de Virginie et du Maryland, pour qu'on soit tous ensemble. Nous avons agi comme un groupe de personnes de 21 ans typiques, nous nous sommes soûlés. Il y avait beaucoup d'amour dans cette pièce, presque assez pour remplacer la tragédie qui nous déchirait intérieurement.

Cette semaine a changé toute ma vision de la vie. À l'époque, j'étais le président de notre chapitre, alors je me suis occupé de la plupart des préparatifs. Nous avons célébré une commémoration à la mémoire de Kenny à l'université. C'était la première fois depuis des années qu'un étudiant de notre campus décédait. Et Kenny était très aimé. Nous avons aussi organisé une commémoration dans sa ville natale, un rituel de notre fraternité lorsque l'un d'entre nous disparaît. Beaucoup de nos frères ont avoué qu'ils n'avaient jamais perdu quelqu'un d'aussi jeune.

La semaine qui a suivi le décès de Kenny a semblé s'écouler au ralenti jusqu'au moment final. Les obsèques ont été dures à supporter pour nous tous. Ce jour-là parlait d'irrévocabilité. Mais je ne voulais pas le laisser partir. On m'a demandé de m'exprimer au nom de la fraternité dans une église où se pressait plus d'un millier de personnes. Dans la partie la plus importante de mon discours, je disais que s'il existe des miracles en ce monde, alors il existe aussi des tragédies.

Nous parlons souvent des miracles. Du fait qu'il y a toujours un chemin caché dans une impasse. Mais nous ne parlons pas beaucoup du contraire, des dommages qui nous restent. Le souvenir que nous devons garder d'une personne désormais disparue. Les paroles qu'on regrette ne pas avoir prononcées.

C'était ça qui posait problème à beaucoup de mes frères de rang, surtout ceux qui étaient queers. Ils regrettaient de n'avoir jamais eu l'occasion de lui en parler. À leur insu, Kenny et moi avions déjà eu cette conversation. Il est décédé en sachant tout sur chacun d'entre eux.

Un jour au cours de l'été précédent, nous étions en route pour le centre commercial quand il m'a posé des questions à notre sujet, ses frères de rang qu'il soupçonnait de ne pas être hétéros.

« Dis-moi, George, tu es gay ? »

Cette fois-là, je n'ai pas répondu comme à mon habitude. Quelque chose chez Kenny m'a fait comprendre que je pouvais lui révéler ma vérité. J'ai pris une profonde inspiration.

« Oui. »

À l'époque, j'avais déjà fait mon coming out à mes frères de rang qui s'identifiaient gays. Ça s'est déroulé petit à petit. La première personne à qui j'en ai parlé, c'est Dimetrius. Un soir où j'étais chez lui, il m'a dit qu'il avait un secret. Il m'a montré une photo et une carte de son petit ami qui vivait à Washington. Dimetrius et moi nous étions rapprochés, alors il avait senti qu'il pouvait se confier.

Je l'ai regardé et je lui ai révélé que moi aussi, j'étais gay. Ce moment signifiait beaucoup pour moi. Je me faisais officiellement des amis gays. Jusqu'à cet instant, même quand ça m'était arrivé, nous n'en avions jamais discuté. J'essayais de ne pas me mettre en danger sur le campus. Alors, que quelqu'un qui ne soit pas seulement un ami, mais aussi un frère de rang à qui je serais lié toute ma vie, le sache ? C'était comme arriver enfin chez moi.

Il m'a ensuite renseigné sur la communauté et m'a révélé lesquels de nos frères de rang étaient aussi gays. J'ai fini par les retrouver et leur confier ma vérité à eux aussi. Peut-être parce que je m'étais entraîné avec d'autres, je me sentais plus à l'aise à l'idée d'en parler à Kenny. Mais ça restait nouveau pour moi, car je n'avais pas encore abordé ce sujet avec mes frères de rang hétérosexuels, ni n'importe quelle personne hétéro, d'ailleurs.

Kenny m'a regardé et répondu :

« OK. »

Je me souviens lui avoir rendu son regard.

« Tu es sûr que ça ne te dérange pas ? »

Il a éclaté de ce grand rire et dit :

« *Nigga*, je m'en fous. T'es mon frère, et je te défendrai toujours. »

J'avais entendu des histoires d'horreur sur le coming out, j'y avais ASSISTÉ. Que ce soit aussi publiquement que sur le *Ellen DeGeneres Show* ou quand mes frères de rang m'ont parlé de ce qu'ils avaient subi.

Ce jour-là, Kenny et moi nous sommes juré de garder le secret et nous avons discuté de toutes les rumeurs qui couraient dans notre rang, qui était gay, qui ne l'était pas. C'est arrivé avant que j'aie une parfaite compréhension de ce que signifie un « coming out ». Quand j'y repense, je n'aurais jamais dû. Je n'aurais jamais dû révéler quoi que ce soit, car les conséquences peuvent être dramatiques. En ce temps-là, je voulais que sur notre rang, nous soyons d'une sincérité absolue les uns envers les autres, mais c'était un choix malheureux de ma part. D'autant que ce genre de conversation avait toujours été une crainte pour moi.

Pour la première fois, j'étais moi-même auprès de quelqu'un qui ne cessait de me répéter que la société ne m'accepterait jamais. Quelqu'un de ma propre communauté, que j'ai été conditionné à craindre, voyait au-delà de mon identité. Kenny n'avait alors que 19 ans. Et que quelqu'un de cet âge, à cette époque, de son origine, ait grandi sans AUCUN problème avec ma sexualité ? C'était un miracle pour moi.

Un miracle devenu tragédie. Je suis presque allé au bout de mon discours ce jour-là, mais je débordais trop d'émotions. Je me suis arrêté au milieu d'une prière de fraternité et je suis retourné m'asseoir auprès de mes frères de rang, eux aussi en larmes. Nous avons tenu le rang toute la cérémonie et nous nous sommes dirigés vers le cimetière, où il fut temps de prononcer notre dernier adieu. Les parents de Kenny avaient décidé que nous porterions le cercueil et nous étions exactement huit, alors on aurait dit que l'univers l'avait souhaité aussi.

Nous nous sommes alignés de chaque côté du cercueil, dans l'ordre de nos numéros. L'As a donné le signal et nous avons marché jusqu'à la tombe. Nous sommes restés là tandis que le révérend lisait la dernière prière d'inhumation.

« Les cendres aux cendres, la poussière à la poussière. »

Je me souviens que j'étais assommé. Je crois que nous l'étions tous. Nous étions jeunes et nous vivions un deuil, ensemble et séparément. Sans y réfléchir, nous nous sommes pris bras dessus bras dessous, côte à côte. Je crois que sinon, nous nous serions effondrés.

Je me rappelle quand on a l'a porté en terre. Je suis resté là. Les gens s'éloignaient, mais je ne voulais pas partir. Je ne voulais pas que ce soit notre dernier souvenir. Je voulais que ce soit un rêve. Alors je me suis tenu là à contempler son cercueil. Un ami a fini par venir me chercher et m'a dit : « C'est bon, George. Laisse-le s'en aller. »

Nous avons passé le reste de cette journée avec sa famille jusqu'à ce qu'il soit temps pour nous de reprendre la route, plus tard dans l'après-midi. Le trajet de retour en voiture a été silencieux. Nous étions tous vidés, il ne nous restait que les souvenirs de notre ami disparu. On aurait dit que le monde entier assistait à notre deuil et nous ne pouvions que nous soutenir les uns les autres. Arrivés en Virginie, c'est ce que nous avons fait.

La mort rapproche les gens. Sa perte était insupportable et malheureusement, comme souvent dans la communauté noire en cas de traumatisme, il n'y en a eu aucune gestion. Pas de thérapie, pas de guérison. Nous devions retourner à l'université et reprendre le cours de notre vie comme si cette tragédie n'était jamais arrivée.

Un jour, un frère aîné a vu notre souffrance. Il nous a pris à part et nous a conseillé de ne jamais oublier ces mots :

« On ne se remet jamais vraiment d'un décès. Mais vivre avec devient un peu plus facile chaque jour. »

Ça fait plus de dix ans désormais que ces mots sont gravés en moi. L'idée de la mort s'y trouve aussi, depuis à peu près aussi longtemps. Pour moi, ce jour-là, il n'y a pas eu que la disparition de Kenny. Il y a aussi eu une mort en moi. Une mort que beaucoup d'entre nous subissent lorsque nous perdons quelqu'un qui nous aimait de façon inconditionnelle. Ça ne se limite pas au corps physique quittant cette terre.

En tant que personne noire queer, je suis mort des centaines de fois. Je mourrai probablement encore des centaines de fois avant ma disparition physique. C'est la leçon de la mort, toutefois : elle donne naissance à un renouveau. Un renouveau dans la réflexion, la gestion de ses émotions, la façon de vivre.

Je me rappelle quand on me connaissait seulement sous le nom de Matthew Johnson, et ce qu'était ce garçon pour bien des gens, avant qu'il ne le soit plus. Sa mort a été lente, mais toujours en évolution. La mort de Matthew a été nécessaire à la naissance de George.

Plus important encore, la mort de tout ce que j'étais conditionné à croire au sujet de mon identité a été nécessaire pour que je survive selon mes propres règles. Et le sujet n'était plus de devenir cette version de « George », « Matthew » ou « MJ ». C'était comprendre que quel soit le nom qu'on me donne, la façon dont on m'identifiait, je devais être d'accord. Car j'ai vu à quoi ressemblait la « mort lente » des personnes qui n'ont jamais pu vivre de façon authentique.

Ce jour-là, j'ai enterré Kenny, j'ai aussi enterré cette conviction que j'aurais toujours le temps. Je suis certain que lui aussi croyait avoir plus de temps. Le Temps et la Mort sont bien moins loin que l'espèrent beaucoup d'entre nous.

Ce jour-là, j'aurais dû appeler Kenny. Il était encore en vie, et même si je ne l'avais pas eu au téléphone ou que j'avais reçu de mauvaises nouvelles, j'aurais dû. Je songe à toutes les fois où j'ai repoussé « l'appel », pour apprendre que parfois, il ne se ferait plus jamais. Le temps n'attend personne, et quand on est noir et queer, bien trop de gens essaient déjà de voler le peu que nous possédons. Alors, vivez.

ÉPILOGUE

LE BLEU NE VA PAS À TOUS LES GARÇONS

Cinq mois après le décès de Kenny, j'ai obtenu mon diplôme. À l'époque, c'était le plus beau moment de ma vie. Ma famille est venue de Virginie. Tout le village était là pour me voir. Les tantes, les oncles, les grands-tantes et les grands-mères, qui souriaient jusqu'aux oreilles.

Après, je me suis assis à côté de ma mère sur le siège arrière de la camionnette dans laquelle ma famille était arrivée. Elle a appuyé ma tête sur son épaule et dit : « Je suis si fière de toi. » Je ne me suis pas écarté. Je suis resté là, sur son épaule. Une mère et son enfant. L'enfant pour qui elle se faisait souvent tant de soucis. Le garçon qu'elle a protégé de tout son être. Le garçon qui faisait officiellement sa transition vers la vie d'adulte.

La cérémonie de remise de diplôme de mon université ne célébrait pas que moi, mais tout le village.

Elle célébrait toutes ces années où ils ont regardé le jeune garçon timide et efféminé devenir adulte. À travers moi, quelqu'un qu'ils ont aidé à former, ils ont fêté les espoirs et les rêves que certains d'entre nous n'ont jamais pu atteindre. Tout le village a reçu ce diplôme.

À 21 ans, je savais ce que signifiait le désir de tomber amoureux d'un garçon. Je savais ce que signifiait d'expérimenter la perte la plus douloureuse de sa vie. Je savais ce que signifiaient la joie et la douleur, le triomphe et le traumatisme. Plus important encore, je savais qu'un chemin s'ouvrait devant moi, avec beaucoup d'autres obstacles à franchir et de barrières à briser. Et même si ma vie avait déjà été bien remplie, je savais qu'il me restait encore beaucoup plus à vivre.

Je dois avouer qu'écrire une autobiographie Young Adult a été un défi, d'autant que je ne savais même pas que ça existait. Je dois aussi avouer qu'écrire une « autobiographie » à seulement 33 ans semble un peu narcissique, au premier abord. Mais savoir que l'héritage de ce livre ne me concerne pas efface toutes ces impressions. Il vous appartient.

Enfant, je n'avais pas de livres pour comprendre ce que je vivais. Il n'y avait ni héros ni icône à admirer et imiter. Pas de cartes ni de guides sur mon voyage. Et encore une fois, parce que je sais qu'il en manque toujours cruellement, je me suis donné pour objectif de le corriger.

Au cours de ce livre, j'ai raconté beaucoup d'histoires qui mettent en scène la dynamique d'un genre de famille noire dont on ne parle pas beaucoup, une famille qui soutient l'identité queer, tout en continuant à apprendre et en évoluant dans des environnements complexes. J'ai libéré ce qu'il y avait de plus profond et de plus sombre dans mon passé, dans l'espoir que quelqu'un y voie son reflet et sache qu'il n'est pas seul, que lui aussi peut grandir et réussir. Et afin qu'il ne fasse pas autant d'erreurs que moi en chemin.

Mais j'espère surtout que ce livre enseignera aux autres, comme il me l'a enseigné, qu'il n'y a pas toujours de solution. Que parfois, les choses se terminent telles qu'elles sont. Que certains processus émotionnels resteront toujours en cours d'évolution. Qu'à 5 ans, je n'étais pas le même qu'à 15 ans, qu'à 15 ans, je n'étais pas le même qu'à 25 ans, et que je continuerai de changer. Qu'il y a des choses auxquelles je n'ai pas de réponses.

Mais mon histoire existe. L'histoire qui a désormais été racontée. Alors, au moins, nous avons un début.

Je ne cesse de répéter que *cette* communauté queer a l'occasion de créer l'avenir. De préparer le terrain pour la génération suivante. Nous ne sommes pas obligés d'accepter si facilement les normes que nous étions forcés de suivre. Nous pouvons les essayer et, si elles ne nous conviennent pas, créer quelque chose de nouveau.

Quand je dis que le « bleu » ne me va pas, je parle de bien plus que la couleur qu'on assigne traditionnellement à *garçon*. Quand je dis que le bleu ne me va pas, je parle du bleu de l'uniforme de police de mon père. De ceux, bien trop nombreux, portant ce même bleu, qui ont fait du mal aux personnes de peau noire et brune. J'ai beau respecter mon père de tout mon cœur, il est de mon devoir de lutter contre les dommages causés par cette institution.

Quand je dis que le bleu ne me va pas, je fais référence à la première fois que j'ai vu le film *Moonlight* et que mon cœur s'est emballé comme celui du petit Chiron qu'on poursuivait parce que lui aussi était différent.

Plus important, quand je dis que le bleu ne me va pas, je veux dire que je n'ai aucun regret. Que ce livre soit un best-seller ou un flop, s'il aide ne serait-ce qu'une seule personne, il en aura valu la peine.

Les cousins. De haut en bas : Rick Forte, Little Rall Elder, Elijah Cartwright, Bernard Barnes, George, Garrett Johnson, Rasul Elder

REMERCIEMENTS

Je voudrais remercier tant de personnes d'avoir été là durant les trente-trois ans nécessaires à l'écriture de cet ouvrage. C'est parti.

À mes meilleurs amis (j'en ai plusieurs, lol), Preston, Storm, Rojan et Ben. Merci d'avoir toujours soutenu mes efforts, d'avoir essuyé mes larmes, d'avoir été l'épaule sur laquelle m'appuyer et de m'avoir toujours rappelé de ne pas me perdre dans le travail et de prendre le temps d'en profiter. Vous êtes tous bien plus importants que vous le croyez et je chéris notre amitié.

À mes frères de rang du printemps 2006 du chapitre Gamma de l'Alpha Phi Alpha Fraternity, Inc., merci de votre fraternité. Merci de votre amitié. Merci de toujours décrocher quand j'appelle. Vous êtes tous dans ce livre, alors je n'ai pas besoin d'en dire beaucoup, lol.

Un merci tout particulier aussi aux frères du chapitre Gamma. Vous êtes beaucoup trop nombreux pour que je vous nomme, mais sachez que j'apprécie chaque amitié que j'ai construite avec vous tous. Grâce à vous, je reste humble et je garde les pieds sur terre.

À « la fam' » : Trenise, Caressa, Myra, Patrice, Sherie, Darius, Alex. Mon groupe d'amis de l'université. C'était merveilleux de faire ce voyage avec votre soutien à tous.

Au « village » : Gabe, PJ, D'Ontace, Twiggy, Reynaldo et Kahlib. Mes amis noirs queers, qui sont devenus ma famille. Vous êtes tous mes frères et je vous aime tout aussi fort.

Merci, Andrew, Jourdain, Corey, Maurice et Zay, d'être des amis et des supporters merveilleux. Merci, Rachel et Amanda, d'être de si bonnes amies et de votre soutien.

Merci, Hari, le meilleur ami et partenaire en écriture qu'on puisse avoir. Merci, Britni Danielle, de m'avoir permis de mettre un pied dans cette industrie et de m'avoir appris les ficelles du métier. Merci, Mason, d'avoir été un excellent ami et à mes côtés à chaque étape de cette création. Merci, Fred, de tout ce que tu fais pour moi et tant d'autres. Merci, Guy, pour tout.

Merci à mon agent, Eric Smith. Tu m'as donné l'opportunité d'écrire l'histoire que j'ai toujours voulu coucher sur papier. Merci à tout le monde dans la famille FSG, surtout Elizabeth Lee, Molly Ellis, Mary Van Akin, Hayley Jozwiak et Kerry Johnson. Merci, Joy, d'avoir donné sa chance à une histoire qui devait être racontée. Et à mon éditrice, Grace ! Le processus éditorial a été un sacré voyage, mais j'ai enfin écrit le livre dont j'avais besoin et que j'ai toujours voulu. Je n'aurais pu le faire sans ton aide. Merci à Charly Palmer de la magnifique peinture de couverture présente dans l'édition américaine du titre et à Cassie Gonzales d'avoir fait la maquette de ce livre.

Quant à ma famille, vous êtes tous dedans, alors je vais rester bref, lol. Merci à mes frères et sœurs, Tonya, G.G., Garrett, et à ma nièce, Brittany. Merci à mes tantes Sarah, Munch, Crystal, Audrey et Darlene. Merci, mon oncle et oncle Bobby. Merci à mes cousins et cousines, Rall, Rasul, Justice, Bernard, Justin, Rick, Kourtney et Kennedy. Merci, maman et papa. Merci, Grandma.

Et surtout, merci Nanny.

© Vincent Marc

George M. Johnson est un·e écrivain·e et militant·e basé·e à Brooklyn, New York. Iel a écrit sur la race, le sexe, le genre et la culture pour *Essence*, *the Advocate*, *BuzzFeed News*, *Teen Vogue* et plus de quarante autres publications américaines. George est apparu·e sur L'AM2DM de *BuzzFeed* ainsi que sur MSNBC. ***Le bleu ne va pas à tous les garçons*** est sa première œuvre littéraire. L'ouvrage a été élu meilleur livre de l'année par Amazon, best-seller des librairies indépendantes, meilleur livre de l'année par *People magazine*, et a été optionné pour une série TV par l'actrice et productrice Gabrielle Union.

Au moment de la publication de cet ouvrage, **George** a utilisé les pronoms il / lui. Iel utilise désormais les pronoms iel / ellui.

iamgmjohnson.com

@IamGMJohnson

Couverture française / Conception graphique : Volodymyr Feshchuk

Composition et mise en pages
Nord Compo à Villeneuve-d'Ascq

Certifié PEFC
Ce livre est issu de forêts gérées durablement et de source contrôlées
PEFC
PEFC/18-31-280
www.pefc-france.org

Le papier intérieur de cet ouvrage est composé de fibres naturelles, renouvelables, recyclables et fabriquées à partir de bois issu de forêts plantées expressément pour la fabrication de pâte à papier.

ISBN : 978-2-37876-117-2 (broché)
ISBN : 978-2-37876-116-5 (relié)

Dépôt légal : juin 2021

N° d'édition : 0036-022-01-01 (broché)
N° d'édition : 0037-022-02-01 (relié)

Achevé d'imprimer en Italie par L.E.G.O. – Lavis